领导月读

学以修身　　学以资政　　学以经世

中国治道名篇丛书·理论篇

丛书主编 《领导月读》编辑部

有为而治

李细成 主编

广西人民出版社

序

2022年6月8日，习近平总书记在四川省眉山市考察三苏祠时指出："中华民族有着五千多年的文明史，我们要敬仰中华优秀传统文化，坚定文化自信。要善于从中华优秀传统文化中汲取治国理政的理念和思维，广泛借鉴世界一切优秀文明成果，不能封闭僵化，更不能一切以外国的东西为圭臬，坚定不移走中国特色社会主义道路。"坚定文化自信，敬仰中华优秀传统文化是中华儿女的天职，也是当代中国人的神圣使命。而从中华优秀传统文化中汲取治国理政的理念、思维方式、价值原则和学习从政者的人格操守，化古之道术为今用，为推进中国式现代化和实现中华民族伟大复兴服务，是传统文化研究者的当代使命。

中华文明是一个独特的文明形态，在数千年历史演进和治国理政的实践中积累了丰厚的治理经验。与小国寡民的古希腊城邦制国家不同，追求天下一家、天下为公的"大一统"是中华民族的主流意识和建国君民的重要诉求；与古希腊城邦治理以民主为第一要义不同，中国作为"大一统"的国家，其治理以民本为第一原则。自《尚书·大禹谟》开始，中国先民便已认识到"德惟善政，政在养民"，治国理政的根本目的在养民，让人民过上好的生活，"民惟邦本，本固邦宁"，民众才是国家的基础，这个基础稳固了，国家才能得到有效治理。与西方以法治为首位的

"硬治理"方式不同,中国传统治理方式是以德化治道为首位的"软治理"。"治国以教化为先",教化是一种以德服人的"软治理","软治理"的最高表现就是"无为而治"。"无为而治"不是不为,乃是不治而治,是一种看不见、摸不着、不露迹的治,达到治于无形的化境,这是治之极致,即孔子所强调的"恭己正南面而已矣"。"无为而治"是国家治理的最高形态,只有君主达到"内圣外王"境界才能得以实现。当教化真正落实了,化民成俗,"人人皆君子,家家乐圣贤",自然可以实现"无为而治"。

事实上,中国古代尧舜以下无圣王,普通君主治理国家仅仅寄望于"恭己正南面"的"垂衣拱手而治"是远远不够的,即便是大禹也需要"克勤于邦,克俭于家",需要"三过其门而不入"的敬业精神,何况造境在禹之下的人?禹之下的政治人物、治国之能臣、文吏更需要积极作为。如此幅员辽阔、人口众多的中国倘若没有政治家积极作为,想要长期自立于世界优秀民族之林,是不可想象的。

中国自虞舜时代起,刑罚就开始被用于治理国家。《尚书·舜典》记载:"象以典刑,流宥五刑,鞭作官刑,扑作教刑,金作赎刑。"有学者认为《尚书·吕刑》是中国最早的法典。中国传统的治理方式并不排斥"硬治理",更不否认律法、法制在国家治理中的重要作用。孔子认为,律法治标不治本,治外不治内,是手段,不是目的。它只是防止社会向下坠落的制动力，不是引导社会向上、向前发展的牵引力。孔子说："道之以政，齐之以刑，民免而无耻；道之以德，齐之以礼，有耻且格。"法治治已病，不能治未病，而德治治未病，更重要的是可以增强人的"体质"，预防发病。简言之，道德教化虽不是万能的，但比法律惩罚更为根本，更能保障社会的长治久安。

有的学者认为中国传统治理过分强调人治，缺乏规则性规范、制度化安排，权力掌握者主观性太大、随意性太强，其实非然。仅就中国古代的官吏选拔而言，从周代的"乡举里选"到汉代举孝廉、举茂才的察举制，再到曹魏时期的九品中正制，最终完善于隋唐时期创立的科举取士制度。选官制度的演变过程是一个逐步完善且制度化建立、健全的过程，也是逐步走向客观、公平、公正的过程。为防止官吏腐败与惰政，历朝历代都有相应的一套制度化安排，如朝议制度、谏议制度、异地任官制度、上计制度、监察制度、仕进制度乃至休假制度、丁忧制度等等。这些制度性设计的不断优化为五千多年中华文明的连续性提供了保障。

"无为而治"是境界形态的治理方式，是治理的理想模态，如果没有圣人的道德修养与感化力，追求"无为而治"可能会成为惰政的借口。相比之下，贤君能臣"有为而治"则是现实可期的治国理政方式。作为领导干部，从事国家管理应敢于担当、积极作为、勤政爱民，国才能得治，政才能得理。

李细成、王玉彬、王正、马慧、刘巨文五位青年学者，敢于担当，积极作为，从浩瀚的古代典籍中，沙里淘金，将传统文化中治国理政的精彩片段精选出来，意欲汇编成一套"中国治道名篇丛书"。作者为了便于读者理解，对古籍经典加以注释、翻译、简析，以保证广大学生、领导干部以及社会各界人士都能读得懂、看得透，雅俗共赏。五位青年学者都受过严格治学的专业训练，个个都是博士毕业，也可以说是青年大家写小书。他们五人中有三位是我多年的好友。主编李细成拿着书稿找到我，让我在此大作出版前，写几句话，权作序言。我既惊恐不安，又深感荣幸，一读进去，便真正体会到了什么是先睹为快！我深为五位青年学者学识渊博、眼光独到、选材精当、白话翻译准确、简析透彻而高兴，很乐意向读者隆重推荐，并借此机会向五位学者致谢！

谨以为序！

曲阜师范大学乡村儒学研究院院长　颜炳罡

2024年10月15日

前　言

中国古代经典蕴含着丰富的治国理政智慧。"中国治道名篇丛书"源于《领导月读》期刊中的《国学选萃》栏目精选文章，《有为而治》是本套丛书中的"理论篇"，先行出版。

《国学选萃》栏目旨在从大处着眼，向读者呈现修身养性、治国平天下的易简大道，培养领导干部的大德行、大智慧、大格局、大情操。本书进一步精选其中阐发治国之道的经典名篇，按照不同主题分为八类，依据内在逻辑拟定先后顺序：

天地生养人民，并非旨在供君王驱使，相反，天地之间设立君王之位，乃是旨在为人民服务，人民始终是国家的根本，只有人民当家作主的地位稳固、生活幸福，国家才能安定祥和，故以"民本"居首；

天地生养万民，而人类的德行智慧各有不同，希望先知先觉者能够带动、帮助后知后觉者，将所有同胞视为有机生命体与命运共同体，共建人类美好家园，所以国家必须给予德行高尚、智慧超群之士充分的权力与自由，社会才能长治久安，故次以"尊贤"；

天下大治，各级官员都德位相配，由大德大贤之人根据不同的岗位需求与工作能力，恰到好处地任用小德小贤之人，才能将国家大大小小各项有益民生的方针政策事无巨细地落到实处，故

次以"用人";

以王道治理天下,百姓都心悦诚服自然归附,大德大贤之人,既能以民为本,又能知人善任,才能得民心而得天下,成为一国之君,所以君王原本是全国上下做人做事的光辉榜样,在治国用人之中,应当处处率先垂范,故次以"君道";

君王所治理的天下乃是天下所有人民共同生活的天下,所有人民都有权利、有责任参与国家治理,仅仅依靠一国之君不可能治理好社会,必须凭借群臣百工各展所长地分工合作,各行各业才能健康发展、繁荣昌盛,故次以"臣道";

君王与各级部门、各级官员团结一心、和谐有序地共同治理天下,也不可过于依靠人治,还须制定并遵循一整套合情合理的政治、经济、文化制度,治国之道才能根基稳固,逐渐实现国富民强,故次以"制度";

国家各项制度齐全,仍需各级政府部门在执行落实之时善于施政,因地制宜、因事而异,才能真正做到经世济民、兴利除害,故次以"施政";

天地变化日新,世道新旧交替,国家所有制度与政策都必须与时俱进、革故鼎新,才能符合时代发展要求,便利民生日用,故终以"革新"。

本书围绕治国主题,所选内容为儒家"十三经"和《大戴礼记》《老子》《墨子》《荀子》《管子》《韩非子》《淮南子》《六韬》《商君书》《史记》《战国策》《越绝书》《晏子春秋》《吕氏春秋》《贞观政要》等经典著作，以及陆贾、贾谊、董仲舒、晁错、扬雄、王充、葛洪、贾思勰、王安石、苏轼、欧阳修、胡宏、刘基、方孝孺、黄宗羲、王夫之、曾国藩等著名思想家或政治家所著的经典名篇，中国古代治道精义庶几可以由此见其纲目。

古人一致将中国治道溯源至理想的尧舜之世。一则尧舜禅让，足见"大道之行，天下为公"；二则尧舜皆为内圣外王，各级官员德位相配，有德者居高位，自然能使近者悦远者来，乃是王道的典范。以《论语》《孟子》《荀子》等经典著作为代表，先秦时期便已形成一个尧、舜、禹、汤、文、武、周、孔的中国治统传承谱系。然而，这一治统传到孔子之时，孔子便因为德位完全剥离，现实中既没有内圣外王，也没有王道之政，只能将理想的治国平天下之道寄托在经典著作之中。孔子修订六经、广授门徒，便是寄望于为后世开太平，后世君主若有志于以"天德"实现"王道"，即可从经典著述中获得理论指导。

但周秦之变以后，在治国理念与方式上，中国历代专制皇权表面上都崇尚王道，实则所行皆为霸道。南宋大儒朱熹在与陈亮讨论王霸之辨时，曾经深有感慨地说，从孔子到朱熹的一千多年之间，"尧、舜、三王、周公、孔子所传之道，未尝一日得行于天下之间"。现代大儒牟宗三也总结说："中国以前无政道，而于治道则言之甚透，且亦正因无政道，而其治道为圣君贤相之形态，故于治道已透至最高之境界，在自觉讲习中已达至无以复加之极端微妙境界。"诚如朱熹、牟宗三两位大学者所言,孔子以后两千多年的古代中国,"家天下"皇权专制下的历代学者理想的"中国治道"确实在很大程度上表现为思想理论而非政治制度。

  因此,中国理想的治道仍然有待当代以及未来领导者在对古代文明传统批判继承的基础上予以逐步实现。2021年,习近平总书记在庆祝中国共产党成立100周年大会上的讲话中提出"坚持把马克思主义基本原理同中国具体实际相结合、同中华优秀传统文化相结合",由此推动中华优秀传统文化实现创造性转化和创新性发展,在新的历史条件下发扬光大。本书所选69篇中国古代治道理论文章,旨在帮助中国当代以及未来各级领导干部、各行各业有志于推动社会进步的知识分子提高传统文化理论修养,逐渐将古代中国的治道精髓知行合一地落实到现代社会治理之中。

李细成

目录

民本：人民就是江山

国之大务，爱民而已	003
王者之治，与民同乐	006
国之政，民无不为本	010
与民一体，以民守民	013
政之所兴，在顺民心	016
圣治天下，非易民性	018
听于国人，非听贵族	022
以术使民，其术穷矣	026

尊贤：贤人就是国宝

贤良士众，则国家治	031
贵德尊士，任贤使能	034
治国者，卑谦以致贤	037
选国之贤，朝其门下	039
能辅相国家，则宝之	044
欲建洪勋，必须良佐	048
转移习俗，陶铸世人	052
任贤而兴，专己而衰	056

用人：善用人是治国的关键

按名督实，选才考能	061
俊杰在官，兢兢业业	064
择能而使，鲜有败事	069
视其所举，视其不为	072
量才授职，各当所任	077
能用其善，能安其身	080
循天顺人，而明赏罚	083
人固难全，权用其长	086

君道：君贤明是公正的典范

无党无偏，王道平平	091
爱民而安，好士而荣	094
智用私，不若愚用公	098
效法天地，勤勉无私	102
君国子民，反求之己	105
信行天下，不欲以诈	109
居安思危，有备无患	111
忧劳兴国，逸豫亡身	114
家累千金，坐不垂堂	118
不能自克，以及于难	122

臣道：社稷之臣是安国之重器

我出仕，为天下万民	129
从道不从君，社稷安	132
逢迎君之恶，其罪大	136
据法而责，陈过而谏	140
亡羊补牢，未为迟也	143
既进管仲，一匡天下	147
学后入政，不以政学	150
德当其位，能当其官	154
猛狗社鼠，国之大患	157
群党合意，以倾一君	161

制度：礼法是社会稳定的保障

治国无礼，犹瞽无相	167
人命在天，国命在礼	170
明立法制，官民守度	174
奉法度者强，则国强	177
不轨不物，谓之乱政	181
天下为公，无私于物	184
放任刑法，天下困苦	188

施政：施政是民富国强的保障

清静自然，为天下正	195
道之以德，齐之以礼	198
内修七教，外行三至	201
审察民情，为政日新	206
足国之道，节用裕民	210
民可无货，不可有饥	214
欲民务农，在于贵粟	218
工商皆本，贫愚并治	222
用财不费，兴利多矣	226
圣人之治国，能团力	229

革新：革新是时代发展的要求

可以强国，不必法古	235
作法何常，视民所便	238
因循苟且，故改其度	242
深达权变，革易风俗	246
祸发所忽，乱起不疑	250
设赏立禁，随时因俗	254
道之贵时，其行势也	257
当调阴阳，和顺天下	262

| 附　录 | 265 |
| 后　记 | 269 |

民本：人民就是江山

"以民为本"是中国古代治道的起点与核心。自古得民心者得天下，民心向背始终是国家兴衰的决定因素。荀子说："天之生民，非为君也；天之立君，以为民也。"人民是国家的主人，国家的一切权力属于人民，政府的使命即在于全心全意为人民服务。所以孟子说："民为贵，社稷次之，君为轻。"只有根植人民并造福人民的政权，才能赢得人民的长期支持，正如《尚书》中说，"天视自我民视，天听自我民听"，"民之所欲，天必从之"，民意即天意，不可违抗。新中国成立50周年大典，老一辈革命家习仲勋在天安门上观礼，亦感慨道："江山就是人民，人民就是江山。"

国之大务，爱民而已

文王问太公曰："愿闻为国之大务。欲使主尊人安，为之奈何①？"

太公曰："爱民而已。"

文王曰："爱民奈何？"

太公曰："利而勿害，成而勿败，生而勿杀，与②而勿夺，乐而勿苦，喜而勿怒。"

文王曰："敢请释其故。"

太公曰："民不失务③则利之，农不失时④则成之，省刑罚则生之，薄⑤赋敛则与之，俭宫室台榭则乐之，吏清⑥不苛扰则喜之。民失其务则害之，农失其时则败之，无罪而罚则杀之，重赋敛则夺之，多营宫室台榭以疲民力则苦之，吏浊苛扰则怒之。故善为国者，驭民⑦如父母之爱子，如兄之爱弟，见其饥寒则为之忧，见其劳苦则为之悲，赏罚如加于身，赋敛如取己物。此爱民之道也。"

《六韬·文韬·国务》

【注释】

①奈何：怎么办。

②与：给予。

③务：职业。

④时：农时。

⑤薄：减轻。

⑥清：清廉。

⑦驭民：统驭百姓，治理百姓。

【译文】

周文王问姜太公："我想知道治国的根本道理。要使君主受到尊敬，民众得到安宁，应该怎么办呢？"

姜太公答："只要爱民就行了。"

周文王问："应当怎样爱民呢？"

姜太公回答："要给予民众利益而不损害他们的利益，使民众有所成就而不是导致他们失败，保障民众生存安全而不杀害无辜，给予民众实惠而不掠夺侵占，使民众安乐而不要让他们遭受痛苦，让民众喜悦而不要激起他们的愤怒。"

周文王说："请您解释一下其中的道理。"

姜太公说："使民众不失去职业就是保护了民众的利益，不耽误农时就是促成了民众的事情，减少刑罚就是保障了民众生存安全，少征收税就是给予民众实惠，少修建宫室亭台楼阁就是使民众安乐，官吏清廉且不苛待、不打扰民众就是让民众喜悦。使民众失去职业就是损害了他们的利益，耽误农时就是败坏民众的事情，民众无罪而妄加惩罚就是伤害他们的生命，加重税收就是对民众财富的掠夺，大兴土木修建宫室亭台楼阁而疲劳民力就会增加民众的痛苦，官吏贪污经常打扰、反复剥削民众就会激起民众的愤怒。所以那些善于治国的君主，统驭民众就像父母爱护子女、兄长爱护弟妹那样，看到他们饥寒就为他们忧虑，看到他们劳苦就为他们悲痛，对他们施行赏罚就像自己受到赏罚，向他们加重税收就如同夺取自己的财物。这些就是爱民的道理了。"

【简析】

《六韬》又称《太公六韬》《太公兵法》，是中国古代的一部著名的军事著作，其内容博大精深，思想深邃丰富，逻辑缜密严谨。本文中姜太公与周文王对话强调的核心内容是"民本"思想。在姜太公看来，能够做到国泰民安就是以民为本了。开创贞观之治的一代明君唐太宗对本文要旨深有体会，他说："为君之道，必须先存百姓。"君王治国理政，首先要爱民安民，应将人民的安定作为治国的首要目标。"凡事皆须务本。国以人为本，人以衣食为本。凡营衣食，以不失时为本。"心存百姓的关键是让民休养生息，把握农时，发展生产，减少税收，切忌大兴土木、劳民伤财。"国以民为本，人以食为命，若禾黍不登，则兆庶非国家所有。"国家以人民为根本，人民又以粮食为生命，如果粮食不丰收，人民的基本生活得不到保障，人民就不再为国家所有了。

王者之治,与民同乐

庄暴①见孟子,曰:"暴见于王,王语暴以好乐,暴未有以对也。"曰:"好乐何如?"

孟子曰:"王之好乐甚,则齐国其庶几乎?"

他日见于王,曰:"王尝语庄子以好乐,有诸?"

王变乎色,曰:"寡人非能好先王之乐也,直好世俗之乐耳。"

曰:"王之好乐甚,则齐其庶几乎!今之乐由古之乐也。"

曰:"可得闻与?"

曰:"独乐乐,与人乐乐,孰乐?"

曰:"不若与人。"

曰:"与少乐乐,与众乐乐,孰乐?"

曰:"不若与众。"

"臣请为王言乐。今王鼓乐于此,百姓闻王钟鼓之声、管籥②之音,举疾首蹙頞③而相告曰:'吾王之好鼓乐,夫何使我至于此极也?父子不相见,兄弟妻子离散。'今王田猎于此,百姓闻王车马之音,见羽旄之美,举疾首蹙頞而相告曰:'吾王之好田猎,夫何使我至于此极也?父子不相见,兄弟妻子离散。'此无他,不与民同乐也。今王鼓乐于此,百姓闻王钟鼓之声、管籥之音,举欣欣然有喜色而相告曰:'吾王庶几无疾病与?何以能鼓乐也？'今王田猎于此，百姓闻王车马之音，见羽旄之美，举欣欣然有喜色而相告曰：'吾王庶几无疾病与？何以能田猎也？'此无他，与民同乐也。今王与百姓同乐，则王矣。"

《孟子·梁惠王下》

【注释】

①庄暴：齐宣王的近臣。

②管籥（yuè）：古代一种吹奏乐器。

③蹙頞（cù è）：皱缩鼻翼、愁眉苦脸的样子。

【译文】

庄暴拜见孟子，说："我觐见了齐宣王，齐宣王对我说他喜好音乐，我不知如何回应。"接着说："齐宣王喜好音乐这件事怎么样啊？"

孟子说："齐宣王如果非常喜好音乐，齐国恐怕就可以治理得很不错了吧？"

几天后孟子觐见齐宣王，问："您曾对庄暴说喜欢音乐，有这回事吗？"

齐宣王脸色一变，说："我不是喜好古代那些典雅的音乐，不过是喜好世俗流行的音乐罢了。"

孟子说："您如果非常喜好音乐，齐国恐怕就可以治理得很不错了！现在的世俗音乐与古代的高雅音乐并没有很大区别。"

齐宣王说:"可以把道理说给我听听吗?"

孟子说:"独自一人欣赏音乐是快乐的,与他人一起欣赏音乐也是快乐的,哪一种更快乐呢?"

齐宣王说:"与他人一起欣赏音乐更快乐。"

孟子说:"与少数人一起欣赏音乐是快乐的,与多数人一起欣赏音乐也是快乐的,哪一种更快乐呢?"

齐宣王说:"与多数人一起欣赏音乐更快乐。"

孟子说:"我就为您讲讲音乐吧!现在大王您在欣赏音乐,而百姓们听到鸣钟击鼓、吹笙奏箫的声音,却都愁眉苦脸地相互诉苦说:'我们大王喜好音乐,为什么要使我们这般穷困呢?父亲和儿子不能相见,兄弟和妻儿分离流散。'您在打猎,百姓们听到大王车马的热闹喧嚣,见到华丽的仪仗队伍,都愁眉苦脸地相互诉苦说:'我们大王喜好围猎,为什么要使我们这般穷困呢?父亲和儿子不能相见,兄弟和妻儿分离流散。'没有别的原因,是因为您不与民同乐的缘故。大王在奏乐,百姓们听到大王鸣钟击鼓、吹笙奏箫的声音,都高兴地说:'我们大王的身体应该很好吧?要不怎么能奏乐呢?'大王在打猎,百姓们听到大王车马的热闹喧嚣,见到华丽的仪仗队伍,都高兴地说:'我们大王的身体应该很好吧?要不怎么能围猎呢?'没有别的原因,是因为您与民同乐的缘故。如果您能与民同乐,就可以统一天下了。"

【简析】

"与民同乐"堪称儒家哲学中最为精妙而高远的政治主张。孟子认为,政治的理想状态就是君民一心、忧乐与共,这既体现了君民之间同声相应的情感共鸣,又代表着民众对君王心悦诚服的政治认同。在孟子看来,"与民同乐"的要义在于将心比心、推己及人。尽管齐宣王喜好的是"俗乐"而非"雅乐",无法发挥"雅乐"端正人心的教化功能,但孟子不以为意,认为只要齐宣王意识到民众也有像自己那样的"好乐"之心,就不会再满足于"独乐乐",而能积极地创造条件施行仁政,以满足民众的"好乐"之心,从而实现普天同乐的"众乐乐"。在后来的对话中,齐宣王还坦承自己有"好勇""好货"等毛病,孟子也并未一味抨击,而是因势利导,试图让他意识到并树立起"与百姓同之"的政治目标。

可以说,"与民同乐""与百姓同之"便是"仁政"的最终追求,其中内蕴着"己欲立而立人,己欲达而达人"的忠恕之道,即自己想要找到安身立命之处、兴旺发达之业,便推己及人地尽心竭力帮助他人也找到安身立命之处、兴旺发达之业。在当今社会,我们的领导干部也应以人民为重,心系群众、关爱群众,想人民之所想、急人民之所急,谨记习近平总书记所说的"人民对美好生活的向往,就是我们的奋斗目标",切实为人民群众谋利益、谋幸福。

国之政，民无不为本

闻之于政也，民无不为本也。国以为本，君以为本，吏以为本。故国以民为安危，君以民为威侮，吏以民为贵贱。此之谓民无不为本也。闻之于政也，民无不为命也。国以为命，君以为命，吏以为命。故国以民为存亡，君以民为盲明，吏以民为贤不肖。此之谓民无不为命也。闻之于政也，民无不为功也。故国以为功，君以为功，吏以为功。国以民为兴坏，君以民为强弱，吏以民为能不能。此之谓民无不为功也。闻之于政也，民无不为力也。故国以为力，君以为力，吏以为力。故夫战之胜也，民欲胜也；攻之得也，民欲得也；守之存也，民欲存也。故率民而守，而民不欲存，则莫能以存矣；故率民而攻，民不欲得，则莫能以得矣；故率民而战，民不欲胜，则莫能以胜矣。故其民之为其上也，接敌而喜，进而不能止，敌人必骇，战由此胜也。夫民之于其上也，接而惧，必走去，战由此败也。故夫灾与福也，非粹在天也，必在士民也。呜呼！戒之戒之！夫士民之志，不可不要也。呜呼！戒之戒之！

《新书·大政上》

【译文】

我听说关于政事，无不是以民为本的。国家、君主、官吏都要以民为本。所以说，民众的状态关系着国家的安危、君主的荣辱、官吏的贵贱。这就是所说的政事没有不以民为本的。我听说关于政事，无不是以百姓命运为生存依据的。国家、君主、官吏都要以百姓命运为生存依据。所以说，民众的状态关系着国家的存亡、君主的昏明、官吏的贤愚。这就是所说的政事没有不以百姓命运为生存依据的。我听说关于政事，无不是以百姓治理为功绩的。国家、君主、官吏都要以百姓治理为功绩。所以说，民众的状态关系着国家的兴衰、君主的强弱、官吏的能干与无能。这就是所说的政事没有不以百姓治理为功绩的。我认为关于政事，无不是以民心为力量的。国家、君主、官吏都要以民心为力量。所以说，战争取得胜利，是民众想要获胜；进攻取得成效，是民众想要成效；守卫获得成功，是民众想要成功。所以说，率领民众守卫，而民众不想守卫的，就无法守住；率领民众进攻，而民众不想进攻的，就无法攻克；率领民众作战，而民众不想获胜，就一定不会获胜。所以说，那些将百姓放在至高无上地位的国家，民众甘愿与敌人交战，奋勇前进不可阻挡，敌人肯定会恐惧，战争也就会因此获得胜利。那些不将百姓放在至高无上地位的国家，民众在与敌人交战时就会害怕，一定会逃跑，战争因此而失败。所以说，国家的灾难与福报，无关于天，而在知识分子与人民群众。唉！小心啊小心啊！知识分子与人民群众的愿望，君主与官吏不可以不去理解并满足。唉！小心啊小心啊！

【简析】

本文出自西汉名儒贾谊所著的《新书》,集中论述了国家应以民为本、以民为命、以民为功、以民为力的观点,可谓中国传统民本思想的概括式论述。在贾谊看来,民本思想的核心要义是人民为政治之主体,国家、君主、官吏都必须以之为根本、为命脉、为功业、为力量,才能安泰、富足、强大。因此,国家、君主、官吏都必须围绕着人民的心志与诉求治国理政,才能获得民众的支持与帮助。针对西汉前期思想界与政治界流行的"天意论",贾谊反其道而行之,旗帜鲜明地提出这种"民意论",其目的正在于拨乱反正,呼吁统治者要重视政治的本源与基础。

民本思想源自《尚书》的"民惟邦本,本固邦宁"之说,后来经过孔子倡导与弘扬,最终在孟子那里得到了明确建立,从而成为中国传统思想中内涵最深、影响最广、传续最久的基本政治理念,不仅对中国士大夫精神的形成有着重大的激励作用,对中国古代政治的矫正与指导亦厥功至伟。在强调大一统政治的西汉初期,贾谊自觉接续先秦民本思想的光辉,体现出的是士大夫为民请命的珍贵品质。在今天,将中国传统思想中的民本理念与现代民主思想结合,应是我们社会主义现代化建设过程中必不可少的一环。

与民一体，以民守民

有善者不留其赏，故民不私其利；有过者不宿其罚，故民不疾其威。威罚之制，无逾于民，则人归亲于上矣。如天雨然，泽下尺，生上尺。

是以官人不官，事人不事，独立而无稽者，人主之位也。先王之在天下也，民比之神明之德，先王善牧之于民者也。夫民别而听之则愚，合而听之则圣，虽有汤、武之德，复合于市人之言。是以明君顺人心，安情性，而发于众心之所聚。是以令出而不稽①，刑设而不用，先王善与民为一体。与民为一体，则是以国守国，以民守民也。然则民不便为非矣。

《管子·君臣上》

【注释】

①稽：阻碍，停滞。

【译文】

做好事的人，国家不克扣他应得的奖赏，人民就不会偏爱私利；有过失的人，国家不拖延对他的惩罚，人民就不会抱怨执法太严。赏罚的制定，不超过人民所应得的，人民就归附和亲近君上了。这就像天下雨一样，天降下一尺的雨量，大地里的禾苗就向上生长一尺。

所以授予他人官职而自己不占据官职,给他们分派工作而自己不从事具体工作,独立行动而无人考核的,这就是处于君主的地位。古代先王治理天下的时候,人民就把他的德行比作神明的德行,是因为先王善于吸收人民的意见。对于人民的意见,只个别地听取就是愚蠢的,全面综合地听取才是圣明的,即使有商汤、周武王的道德,也还要多方集取众人的言论。因此英明的君主顺从人心,适应人的性情,行事都从众人共同关心的角度出发。这样命令布置下去就不会受阻碍,刑罚都设置得很清楚却根本都用不着,先王善于同人民合成一体。与民一体,那就是用国家全部的力量来保卫国家安全,用人民自身的意志和行动来保卫人民的生命财产。人民自然就会不为非作歹了。

【简析】

《管子》一书有丰富的民本思想,主要包括爱民、利民、富民、惠民四大内容。由于管仲在政治实践中充分认识到了民众力量的巨大与可畏,因此主张治国兴邦以民为本,必须处理好执政者与人民群众的关系问题。比如,《牧民》篇明确提出"政之所兴,在顺民心;政之所废,在逆民心",认为民心的向背关系国家的兴亡,得天下与治天下的首要任务便是得民心。本文更是进一步提出了君王应该"与民一体""以民守民"的先进民本政治思想,强调圣明的君主应该全面综合地听取人民的意见,顺从民心,适应民情，行事都从民众共同关心的角度出发，在此基础上将"以国守国"与"以民守民"完全等同起来，则国家保卫必定坚固，百姓共处必定和谐。此言可谓"人民当家作主"的民主思想萌芽。虽然在古代皇权专制之下，还不能真正发展出与这一先进思想相匹配的政治制度体系，但这一先进思想在先秦时期也堪称难能可贵，闪耀着中华优秀传统文化的思想光辉。

政之所兴，在顺民心

政之所兴，在顺民心；政之所废，在逆民心。民恶忧劳，我佚乐之；民恶贫贱，我富贵之；民恶危坠，我存安之；民恶灭绝，我生育之。能佚乐之，则民为之忧劳；能富贵之，则民为之贫贱；能存安之，则民为之危坠；能生育之，则民为之灭绝。故刑罚不足以畏其意，杀戮不足以服其心。故刑罚繁而意不恐，则令不行矣；杀戮众而心不服，则上位危矣。故从其四欲，则远者自亲；行其四恶，则近者叛之。故知予之为取者，政之宝也。

《管子·牧民》

【译文】

政令之所以能推行，在于顺应民心；政令之所以废弛，在于违背民心。人民厌恶忧心劳累，我便使他们安逸快乐；人民厌恶贫穷低贱，我便使他们富贵；人民厌恶陷入危险，我便使他安定平稳；人民厌恶灭亡断绝，我便使他们生养繁育。能使人民安乐，他们就可以为我承受忧心劳累；能使人民富贵，他们就可以为我忍受贫贱；能使人民安定，他们就可以为我承担危难；能使人民生育繁养生息，他们也就不惜为我而牺牲。所以单靠刑罚不足以使人民真正害怕，仅凭杀戮不足以使人民心悦诚服。所以刑罚繁重而人心不惧，法令就无法推行了；杀戮多行而人心不服，为君者的地位就危险了。因此满足人民上述四种愿望，疏远的自会亲近；强行推行上述四种人民厌恶的事情，亲近的也会叛离。所以由此可知"予之于民就是取之于民"这个原则，就是治国的法宝。

【简析】

《牧民》是《管子》一书的首篇，全面反映了管仲的治国理念和施政措施，亦是全书的思想总纲。这段文字的大意为，政令能否推行的关键在于统治者的施政举措是否顺应了民心，如果满足了人民对于远离忧劳、贫贱、危难和灭绝等四个方面的愿望，人民就会拥戴并追随统治者，反之则会使统治者众叛亲离，面临危亡。这种思想便是我们常说的"民本思想"。"民本"即"以民为本"，也就是施政者要将人民的利益放到首要位置，只有解决好老百姓的民生问题，才能获得国家的长治久安和强大稳定。管仲这种治国理念是基于对人性最基本的认识，是当时先进的思想。"以民为本"思想在今天同样具有现实意义，今天我们强调坚持以人民为中心的发展思想，其思想核心也是"以人为本"，尽管二者在所追求的终极目标上存在着差别，但是古人与今人对美好生活的向往和追求是一致的。这就要求我们每一位管理者要时刻把人民群众的安危冷暖放在心上，真诚倾听人民群众的呼声，真实反映人民群众的愿望，真情关心人民群众的疾苦。

圣治天下,非易民性

圣人之治天下,非易民性也,枒循①其所有,而涤荡之。故因则大,化则细矣。禹凿龙门,辟伊阙,决江濬②河,东注之海,因水之流也;后稷垦草发菑③,粪土树谷,使五种各得其宜,因地之势也;汤、武革车三百乘,甲卒三千人,讨暴乱,制夏、商,因民之欲也。故能因,则无敌于天下矣。

夫物有以自然,而后人事有治也。故良匠不能斫金,巧冶不能铄木,金之势不可斫,而木之性不可铄也。埏埴④而为器,窬⑤木而为舟,铄铁而为刀,铸金而为钟,因其可也。驾马服牛,令鸡司夜,令狗守门,因其然也。

民有好色之性,故有大婚之礼;有饮食之性,故有大飨之谊;有喜乐之性,故有钟鼓筦弦之音;有悲哀之性,故有衰绖⑥哭踊之节。故先王之制法也,因民之所好,而为之节文者也。因其好色而制婚姻之礼,故男女有别;因其喜音而正《雅》、《颂》之声,故风俗不流;因其宁家室、乐妻子,教之以顺,故父子有亲;因其喜朋友,而教之以悌,故长幼有序。然后脩⑦朝聘⑧以明贵贱,飨饮习射以明长幼,时搜振旅以习用兵也,入学庠序以脩人伦。此皆人之所有于性,而圣人之所匠成也。

《淮南子·泰族训》

【注释】

①柎循：安抚、依顺。

②濬：通"浚"，疏通河道。

③菑（zī）：荒地。

④埏埴（shān zhí）：将水和土调和成泥以制作陶器。

⑤窬（yú）：凿空。

⑥衰绖（cuī dié）：披在胸前和围在头上、缠在腰间的布条，喻指丧服。

⑦脩：同"修"。

⑧朝聘：古代诸侯亲自或派使臣按期朝见天子。

【译文】

圣人治理天下，并不是强行改变人民的性情，而是依照民性，引导他们向好的方面转化。所以遵循规律办事则效果显著，人为操作不守规律则收效甚微。夏禹开凿龙门，劈开伊阙山，疏通长江黄河，使它们向东流入东海，是顺从水从高处向低处流的趋势；后稷开垦荒地，改良土壤，施肥种谷，让五谷各自得到适宜生长的环境，是按照土地高低、肥沃、贫瘠等条件安排耕种；商汤、周武王率领兵车三百辆、士兵三千人，讨伐暴乱，分别制服了夏桀、商纣，是顺应了人民的愿望。所以能够遵循规律行事，就能无敌于天下。

万物都有其规律，人们只有按照客观规律才能把事情办好。

所以，优秀的木匠不砍削金属，灵巧的冶工不熔毁木材，是因为金属不能砍削，木材不能熔毁。调和泥土制成陶器，挖空木头做成舟船，熔化金属铸造刀剑，冶炼铜矿铸造乐钟，都是顺应它们各自的特性。驾驭牛马拉车，让公鸡报晓，让狗守门护宅，都是顺应了它们的本性。

人有情欲的本性，所以制定婚姻礼节；人有食欲的本性，所以规定了宴请礼仪；人有喜乐的本性，所以有钟鼓管弦的音乐；人有悲哀的情感，所以制定服孝哭丧的礼节。所以先王制定的法令、礼仪，都是根据人的爱好来进行节制修饰的。根据人有情欲的本性制定了婚礼，因而男女有了分别；根据人有喜乐的特性制定了《雅》《颂》之音，因而风俗不至于败坏；根据人希望家室安宁、妻儿快乐的愿望，教导人们和睦孝顺，因而父子间有亲情；根据人有爱交朋友的特点，教导人们敬重兄长，因而长幼有序。然后再制定诸侯朝见天子的礼节用以区分贵贱，规定宴请饮酒、教习射箭的礼节用以明确长幼次序，定时检阅车马、整顿军队来熟悉用兵，让子弟进学校学习来提高人伦道德修养。这些做法全都是顺着人的各种本性来制定的，再由圣人加以教导培养，促使人们成才。

【简析】

本文认为，治理民众首先要了解并顺应民性的自然诉求，才能在此基础上制定合情合理的礼法制度，才能在制度的匡扶之下满足民众的诉求，社会才会趋于和谐。

大禹之所以能够治水成功，是因为他采取了"疏导"而非"壅堵"的方式；后稷之所以被奉为农业之神，是因为他能"因地制宜"地种植农作物；商汤和周武王之所以能够建功立业，是因为他们顺应了时势与民心。也就是说，当我们在应对和处理事务的时候，宜采取"因"（依顺、顺应）的态度，而非简单粗暴地打压或强取。在《淮南子》看来，无论像孟子那样视之为"善"，还是像荀子那样归之于"恶"，"民性"或"人性"都是天然生成的，有着不可改变的自然性，因此圣人不能违背或无视人性的自然特征，只能以之为基础加以改善。像庄子所说的那样，"依乎天理，因其固然"（依据自然规律，按照本来情况），才能根据"好色""喜乐""悲哀"等性情，恰当地设立各种礼乐制度，既不违背民心的需要，也避免欲望的放纵。

民性如木材，好的统治者能依照木材的天然纹理与质地，通过削斫形状、镂刻花纹，使之摆脱素朴的天然形态，成为精美的器物或艺术品，从而成就木材的价值。于今而言，我们的领导干部也要"想民心之所想"，倾听民众的声音，真正了解人民的需要，才能"执政为民"，让人民群众过上幸福的生活。

听于国人，非听贵族

或谓公仲曰："听者听国①，非必听贵也。故先王听谚于市，愿公之听臣言也。公求中立于秦而弗能得也，善公孙郝以难甘茂，劝齐兵以劝止魏，楚、赵皆公之仇也。臣恐国之以此为患也，愿公之复求中立于秦也。"

公仲曰："奈何？"对曰："秦王以公孙郝为党于公而弗之听，甘茂不善于公而弗为公言，公何不因行愿以与秦王语？行愿之为秦王臣也公，臣请为公谓秦王曰：'齐、魏合与离，于秦孰利？齐、魏别与合，于秦孰强？'秦王必曰：'齐、魏离则秦重，合则秦轻。齐、魏别则秦强，合则秦弱。'臣即曰：'今王之听公孙郝，以韩、秦之兵应齐而攻魏，魏不敢战，归地而合于齐，是秦轻也，臣以公孙郝为不忠。今王听甘茂，以韩、秦之兵据魏而攻齐，齐不敢战，亦求割地而合于魏，是秦轻也，臣以甘茂为不忠。故王不如令韩中立以攻齐，王言救魏以劲②之，齐、魏不能相听，久离兵事。王欲则信公孙郝于齐，为韩取南阳、易谷川以归，此惠王之愿也。王欲则信甘茂于魏，以韩、秦之兵据魏以郄齐，此武王之愿也。臣以为令韩中立以攻齐，最秦之大急也。公孙郝党于齐而不肯言，甘茂薄而不敢谒③也，此二人，王之大患也，愿王之熟计之也。'"

《战国策·韩策一》

【注释】

①国：国人，老百姓。

②劲：壮大声势。

③谒（yè）：进言。

【译文】

有人对公仲说："处理政事的人要多从国人那里听取意见，并不一定要从贵族那里听取。因此先王到市井中听取街谈巷议，希望您也听一听我的意见。您在秦王那里请求让韩国不偏向齐、魏任何一方，秦王没有答应，您就亲近公孙郝、为难甘茂，勉励齐国军队并鼓励其进攻魏国，让楚国、赵国都成了您的仇敌。臣下担心韩国将招来祸患，希望您再次向秦王表示韩国要保持中立。"

公仲说："那怎么办呢？"那个人回答："秦王认为公孙郝亲近您因而不会听信公孙郝，甘茂同您不友好所以也不会替您说话，您何不通过行愿来向秦王传话呢？秦王的大臣行愿很公正，我愿为您请求行愿对秦王说：'齐国、魏国联合与分裂，哪种情况对秦国有利？齐国、魏国背离与联合，哪种情况会使秦国更强大？'秦王一定会说：'齐、魏分裂，秦国地位就显得重要，齐、魏联合，秦国就无足轻重。齐、魏背离，秦国就会更强大，齐、魏联合，秦国就会变得弱小。'我就会让行愿说：'如今大王听信公孙郝，用韩、秦的军队响应齐国而去进攻魏国，魏国不敢应战，会将土地献给齐国，并同齐国联合，这样秦国就变得无足轻重了，臣下认为公孙郝不忠心。现在如果大王听信甘茂，让韩国、秦国的军队借助魏国攻打齐国，齐国不敢应战，也会割让土地与魏国讲和，这样秦国也会变得无足轻重，臣下认为甘茂不忠心。因此大王不如让韩国保持中立来制衡齐国，再声言援救魏国来壮大魏国的声势，齐国、魏国彼此互不相让，一定会长时间遭受战事的困扰。大王想这样做就可以让公孙郝取信于齐国，替韩国攻取魏国的南阳，换得韩国的谷川归属秦国，这是秦惠王的愿望。大王想这样做就可以让甘茂取信于魏国，让韩国、秦国的军队借助魏国来打击齐国，这是秦武王的愿望。臣下认为让韩国保持中立来制衡齐国，是秦国最紧迫的事。公孙郝亲近齐国而不肯说，甘茂受到冷遇也不敢进言，这两个人，是大王的祸患。希望大王仔细考虑这件事。'"

【简析】

本文记述了战国韩宣惠王、韩襄王时期，担任相国之职的公仲侈与一位有智慧的普通百姓之间的对话。这位智者甚至没有留下姓名。

战国时期，各国混战不休。各大国为了自身利益和存亡不断进行外交和军事斗争。地理上南北纵列的国家联合起来，共同对付强国，主要是阻止秦、齐两国联合兼并弱国，谓之"合纵"；地理上东西横列的国家，主要是秦与齐联合拉拢一些国家，共同进攻另外一些国家，谓之"连横"。在合纵连横各种关系复杂多变的时代背景下，这位平民智者竟能洞若观火地理智分析各国利益，并提出了最适合韩国的"中立"政策，为韩国献上宝贵的建议。

两千年前的战国时期，普通百姓就有了参政议政的高超水平和报国热忱，这提醒我们领导干部，在今天处理政事的时候，更要多从普通百姓那里听取意见，真正做到"接地气"，从基层群众那里了解情况、获得智慧，密切联系群众，保持同人民群众的血肉联系。

以术使民,其术穷矣

楚有养狙①以为生者,楚人谓之狙公。旦日必部分②众狙于庭,使老狙率以之山中,求草木之实,赋什一以自奉③,或不给,则加鞭棰焉。群狙皆畏苦之,弗敢违也。一日,有小狙谓众狙曰:"山之果,公所树与?"曰:"否也,天生也。"曰:"非公不得而取与?"曰:"否也,皆得而取也。"曰:"然则吾何假于彼而为之役乎?"言未既,众狙皆悟。其夕,相与伺④狙公之寝,破栅毁柙,取其积,相携而入于林中,不复归。狙公卒馁而死。郁离子曰:"世有以术使民而无道揆⑤者,其如狙公乎?惟其昏而未觉也,一旦有开之,其术穷矣。"

《郁离子·瞽聩·术使》

【注释】

①狙:猕猴。

②部分:部署分派。

③赋什一以自奉:征收十分之一的果实来供养自己。

④伺:等到。

⑤道揆:准则,法度。

【译文】

楚地有一位以养猕猴为生的人,当地人都叫他"狙公"。每天早晨狙公必定在院子里给众猴布置任务,派一只老猴带领群猴采摘草木的果实,归来后狙公向每头猴征收十分之一的果实以养活自己。如果有猴不交,狙公就用鞭子抽打它。群猴既怕他又恨他,但都不敢违抗他。有一天,一只小猴对众猴说:"山上的果树是狙公种的吗?"群猴回答说:"不是,是天生的。"小猴又问:"除狙公外谁都不能上山去采果子了吗?"群猴说:"不是,谁都有权力上山去采果子。"小猴说:"既然如此,那么我们又何必依赖狙公而受他的役使呢?"小猴的话还没说完,群猴都恍然大悟了。当天晚上,众猴都等着狙公睡熟之后,毁坏了栅栏,砸破了笼子,把积存的果子全带上,互相扶持着全逃到山林里,不再回到狙公那里去了。狙公最终饿死了。郁离子说:"人世间那些只靠权术统治百姓而不讲法度的统治者,不就像这位狙公吗?只是百姓还没有觉悟,一旦有人启发了他们,那些统治者的手段就都行不通了。"

【简析】

元至正二十年(1360年)三月,刘基应朱元璋之聘,与宋濂、章溢、叶琛同赴应天府,当面陈述"时务十八策",深得朱元璋赏识,最终以帝师身份、王佐之才协助朱元璋推翻元朝统治。《郁离子》绝大部分篇章作于1358年到1360年初,主要是作者对元朝末年种种社会弊端的辛辣讽刺，其创作旨在为新王朝的建立设计治国方略，等待王者兴起而为天下后世开启文明之治。刘基为新王朝的兴起开具的总药方是"以大德勘大乱"，具体而言，主要是以德养民、以道任贤两大治国方略。

《术使》中这篇著名寓言非常生动地揭示了"养"（民不可欺）与"道"（民不可愚）的内涵，说明世上用霸道权术或愚民政策来统治百姓而没有道德准则的人和狙公一样，只是百姓还没有觉醒，一旦有人开导百姓，那狙公之流的欺诈权术就行不通了。狙公的故事题材源于《庄子·齐物论》与《列子·黄帝》中"朝三暮四"的故事，但《庄子》旨在论证世上之事皆无固定是非的观念，《列子》则旨在说明玩弄手段、巧立名目可以混淆是非的道理。两部作品中的群猴都愚昧无知，容易让统治者觉得对黎民百姓只需要稍使诈术，便可驯服他们而坐享其成。但经刘基改写之后，展现在读者面前的群猴已不再是任人摆布的工具，它们之中的先知先觉者具有开悟、领导众猴的智慧与能力，众猴最终在狙公残酷压榨之下猛然醒悟而奋起反抗。文章主旨一变，警告当权者不可盘剥黎民百姓，否则将物极必反。这个新的立意，无疑超出了《庄子》与《列子》这两部经典著作的内涵，具有独特的思想价值与显著的民本精神。

尊贤：

贤人就是国宝

中国是一个崇尚圣贤的国家,历代圣贤都以其高尚的德行、卓越的智慧为中华文明的形成与发展作出了巨大的贡献,成为中国人以天下为己任、修齐治平的光辉典范。作为理想人格的圣贤正是中国人才辈出、国力强盛、文明灿烂的孵化器与风向标。天下之治在人才,重才之风在尊贤。有贤才可敬可用实为国家民族之大幸。

贤良士众，则国家治

子墨子言曰：今者王公大人为政于国家者，皆欲国家之富，人民之众，刑政之治。然而不得富而得贫，不得众而得寡，不得治而得乱，则是本失其所欲，得其所恶。是其故何也？子墨子言曰：是在王公大人为政于国家者，不能以尚贤事能为政也。是故国有贤良之士众，则国家之治厚；贤良之士寡，则国家之治薄。故大人之务，将在于众贤而已。

曰：然则众贤之术将奈何哉？子墨子言曰：譬若欲众其国之善射御之士者，必将富之、贵之、敬之、誉之，然后国之善射御之士，将可得而众也。况又有贤良之士厚乎德行，辩乎言谈，博乎道术者乎！此固国家之珍，而社稷之佐也。亦必且富之、贵之，敬之、誉之，然后国之良士，亦将可得而众也。

是故古者圣王之为政也，言曰："不义不富，不义不贵，不义不亲，不义不近。"……

……是故子墨子言曰：得意贤士不可不举，不得意贤士不可不举。尚欲祖述尧舜禹汤之道，将不可不以尚贤。夫尚贤者，政之本也。

《墨子·尚贤上》

【译文】

墨子说：现在的天子、诸侯、大臣等施政于国家的人，都希望国家富足，人口众多，刑法和政治安定有序。然而国家不得富足反而贫穷，人口不得增加反而减少，刑法和政治不得安定反而混乱，这就达不到他们想要的效果，反而走向了他们所期待的反面，这是什么原因呢？墨子说：这是天子、诸侯、大臣等施政于国家的人，不能尊敬贤者、任用能人参政的缘故。因此国家拥有贤能之士多了，国家的安定程度就会增大；贤能之士减少了，国家的安定程度就会降低。因此当权者最重要的事情，便是在于使贤能之人增多而已。

有人问：那么使贤人增多的办法是怎样的呢？墨子说：假如想要增加这个国家擅长射箭骑马的人，一定要使他们富有、尊贵，给他们尊重、荣誉。这样国中射箭骑马的能手便会归附并不断增加。何况贤能的人，德行敦厚，擅于言辞，精通学术，这些人本来就是国家的珍宝、朝廷的辅佐。也一定要使他们富有、尊贵，给他们荣誉、尊重，这样国家的贤能之士便会归附并不断增多。

所以古代的圣王治国理政，说道："行为不义的人就不让他富有，行为不义的人就不让他尊贵，行为不义的人就不与他亲密，行为不义的人就不与他接近。"……

……因此墨子说：执政者治国顺利时不可不选用贤士，治国不顺利时也不可不选用贤士。想要效法尧、舜、禹、汤的治国之道，就不可以不崇尚贤能。崇尚贤能，便是为政治国的根本。

【简析】

先秦诸子中，墨家最广为人知的代表性学术主张是"兼爱""非攻"。《墨子》一书中从政治、经济、生活等方面依次提出了"尚贤""尚同""兼爱""非攻""节用""节葬""天志""明鬼""非乐""非命"等十大思想主张,"兼爱""非攻"是政治目标,"节用""节葬"是经济目标,"非乐""非命"是生活目标,"尚贤""尚同""天志""明鬼"则是保障政治、经济、生活目标得以实现的主要方法。其中,"尚贤"又是"尚同"的基础,国家尚贤,俊杰在位,越有德行之人越能身居高位,越能让"尚贤"的制度、风气得以发扬光大。"尚同"主张百姓上同于在位之贤人,在位之贤人上同于天子。但为了监督权力至高无上的天子,墨子又进一步提出"天志""明鬼",认为天子应该上同于天,为鬼神所监督与赏罚。而天与鬼神的意志与百姓又是完全一致的,都追求公平正义、合情合理的思想行为。显然,这十大思想主张形成了一个逻辑严密的哲学体系,其中"尚贤"则是整个逻辑体系中最为关键与核心的理论基础。"尚同"是否合乎正义,"兼爱""非攻"能否落到实处,"天志""明鬼"的判别标准能否得到认可,"节用""节葬""非乐""非命"能否成为健康生活的时代风尚,都取决于是否有贤能的士大夫身居高位来引领百姓、治理国家。

本文作为《尚贤》开篇,自然高度概括"尚贤"对于国家治理的重要性,并且明确将"贤"与"义"等同视之,强调崇尚贤能就是追求正义。因此,最后总结说"尚贤者,政之本也",实际上就是强调治国应该以正义为根本,这与现代社会国家治理的理念一致,与儒家所崇尚的"贤能政治"一样,都具有超越时代的价值。

贵德尊士，任贤使能

孟子见齐宣王，曰："为巨室，则必使工师求大木。工师得大木则王喜，以为能胜其任也。匠人斫而小之，则王怒，以为不胜其任矣。夫人幼而学之，壮而欲行之，王曰'姑舍女所学而从我'，则何如？今有璞玉于此，虽万镒，必使玉人雕琢之。至于治国家，则曰'姑舍女所学而从我'，则何以异于教玉人雕琢玉哉？"

《孟子·梁惠王下》

孟子曰："仁则荣，不仁则辱。今恶辱而居不仁，是犹恶湿而居下也。如恶之，莫如贵德而尊士，贤者在位，能者在职。国家闲暇，及是时明其政刑，虽大国必畏之矣。《诗》云：'迨天之未阴雨，彻彼桑土，绸缪牖户。今此下民，或敢侮予？'孔子曰：'为此诗者，其知道乎！能治其国家，谁敢侮之！'今国家闲暇，及是时般乐怠敖，是自求祸也。祸福无不自己求之者。《诗》云：'永言配命，自求多福。'《太甲》曰：'天作孽，犹可违。自作孽，不可活①。'此之谓也。"

《孟子·公孙丑上》

【注释】

①活：《礼记·缁衣》引作"逭"，此"活"字当是"逭"之借字，"逃避"之义。

【译文】

孟子拜见齐宣王，说道："建筑一所大房子，那一定要派负责营建工程的工师去寻找大的木料。工师得到了大木料，大王就高兴，认为他能够胜任这项工作。木工把那木料削小了，大王就会发怒，认为他不能胜任这项工作。有些人从小学习一门专业，长大了便想运用实行，可是大王却对他说'把你所学的暂且放下，听从我的话吧'，这又怎么行呢？假定大王有一块未经雕琢的玉石，即使它价值很高，也一定要请玉匠来雕琢加工。可是一说到治理国家，您却说'把你所学的暂且放下，听从我的话吧'，这跟您要让玉匠按照您的办法雕琢玉石，又有什么两样呢？"

孟子说："治国者如果实行仁政，国家就会有荣耀；治国者如果行不仁之政，国家就会遭受屈辱。如今人们厌恶屈辱但仍然自处于不仁之地，这正好比厌恶潮湿却又自处于低洼之处一样。假若真的厌恶屈辱，最好是以德为贵而尊敬士人，使有德行的人居于相应的官位，有才能的人担任一定的职务。国家无内忧外患，趁这个时候修明政治法度，即使强大的邻国也一定会畏惧。《诗经》上说：'（一只鸟）趁着雨没下下来、云没聚集起来，从桑树根上剥些皮，把门窗修理好。现在树下的人，谁敢把我欺负？'孔子说：'作这首诗的人懂得很多道理呀！能够治理好自己的国家，谁敢侮辱他呢？'如今国家没有内忧外患，治国者追求享乐，放纵游玩，这等于自己寻求灾祸。灾祸或者幸福无不是自己找来的。《诗经》

又说：'我们永远要与天命相合，自己去寻求更多的幸福。'《太甲》也说：'天降的灾害，还可以躲避。自己惹的祸，逃也逃不了。'正是这个意思。"

【简析】

《孟子》全书共有五章七处直接谈论"国家"，其中以这两章最为充分地体现了孟子尊德贵士、任贤使能的治国精神。前一章以盖房子一定要选择好木匠、雕琢玉石一定要选择好玉匠这两个生动形象的比喻，来说明治理国家也一定要依靠学有专长的人，绝不能让他放弃自己的专长。后一章强调国家一定要实行仁政，以德为贵，尊敬士人，贤人在位、能人在职，才能获得荣耀、免受屈辱，尤其是在国家没有内忧外患时，统治者也要不断完善制度与法律，不能追求享乐。相比之下，前一章委婉含蓄，孟子在游说方式上采取了讽谏的艺术，旨在触类旁通、发人深省，希望国君能接受建议。后一章则简明直白，孟子在游说方式上采取了"威逼利诱"的方式，旨在通过强烈对比、严厉警诫，让国君深感别无选择、毫无退路。所以，最后孟子特别引用了《诗经》"自求多福"与《尚书·太甲》"自作孽，不可活"这两句箴言来棒喝警醒以齐宣王为代表的自私自利的诸侯。这两章所展现的游说艺术都是《孟子》一书常用的言说方式，但后者更加深切地体现出了孟子身处战国乱世的焦虑心理，也更加典型地代表了孟子的治国思想。

治国者，卑谦以致贤

气之清者为精，人之清者为贤。治身者以积精为宝，治国者以积贤为道。身以心为本，国以君为主。精积于其本，则血气相承受；贤积于其主，则上下相制使。血气相承受，则形体无所苦；上下相制使，则百官各得其所。形体无所苦，然后身可得而安也；百官各得其所，然后国可得而守也。夫欲致精者，必虚静其形；欲致贤者，必卑谦其身。形静志虚者，精气之所趣也；谦尊自卑者，仁贤之所事也。故治身者，务执虚静以致精；治国者，务尽卑谦以致贤。能致精，则合明而寿；能致贤，则德泽洽而国太平。

《春秋繁露·通国身》

【译文】

气之中清虚的是精华，人之中清明的为贤才。因此，治理身体以积聚精气为信条，治理国家以积聚贤才为要道。身体的根本在心灵，国家的主导在君主。在心灵中积聚清虚之气，它自然就能遍布血肉之躯；在君主身边积聚贤才，各级上传下达自然就能顺畅。血肉之躯中都充满清虚之气，身体自然就会少生疾病；上传下达都畅通无阻，各级官吏就能很好地各司其职。形体少有疾病，身体就能宁静安逸；百官各司其职，国家就能稳守太平。所以，想要积聚精气，必须让自己的血肉之躯清虚宁静；想要贤人前来辅佐，君主必须谦卑下士。形体宁静清虚之处，正是精气的自然流向；谦卑下士的君主，才是仁义贤才想要辅佐的对象。所以要治理好身体，务必在身心上保持清虚宁静以积聚精气；想治理好国家，务必礼贤下士来积聚贤才。能够积聚精气的身体才能安逸长寿，能够积聚贤才的国家才能以德化人、常保太平。

【简析】

董仲舒的思想以儒家的"德治"为主，吸收了道家、法家、阴阳家的观点，在汉武帝之后，成了汉代官方的政治哲学。本文将儒家"尚贤"、道家的"贵身"、法家的"重势"融为一体，行文虽短却意味深长。文章认为"治国者以积贤为道"与"治身者以积精为宝"是同一个道理，都崇尚"清气"。"气之清"为"虚静"，"人之清"为"仁贤"，百官都以虚静来养好自己的清气，身居高位的人则以谦卑之心招聚仁义清廉的贤者，这样一来全国上下都能身安心泰。董仲舒寄托于本文的思想，在很大程度上是汉初黄老政治主张的延续。《老子》中强调贵精、贵本，"贵以身为天下，若可寄天下"（珍爱自身而治理天下的人，可以暂时将天下交由他来管理）。《吕氏春秋》中明确提出"夫治身与治国，一理之术也"。另外，《黄帝内经》也说"不治已病治未病，不治已乱治未乱"。董仲舒将这些理论融会贯通，主张先病养精、先乱任贤，认为积聚精气形成良好态势，自然能身心安宁；积聚贤才形成良好态势，自然能国祚永固，实现无为而治。但他最后仍将落脚点收于儒家尚贤的德治理念，认为"能致贤，则德泽洽而国太平"是儒家的正道。

选国之贤，朝其门下

燕昭王收破燕后即位，卑身厚币，以招贤者，欲将以报仇。故往见郭隗先生曰："齐因孤国之乱，而袭破燕。孤极知燕小力少，不足以报。然得贤士与共国，以雪先王之耻，孤之愿也。敢问以国报仇者奈何？"

郭隗先生对曰："帝者与师处，王者与友处，霸者与臣处，亡国与役处。诎指而事①之，北面而受学，则百己者至。先趋而后息，先问而后嘿②，则什己者至。人趋己趋，则若己者至。冯几据杖，眄视③指使，则厮役之人至。若恣睢④奋击，呴籍叱咄⑤，则徒隶之人至矣。此古服道致士之法也。王诚博选国中之贤者，而朝其门下，天下闻王朝其贤臣，天下之士必趋于燕矣。"

昭王曰："寡人将谁朝而可？"郭隗先生曰："臣闻古之人君，有以千金求千里马者，三年不能得。涓人⑥言于君曰：'请求之。'君遣之。三月得千里马，马已死，买其首五百金，反以报君。君大怒曰：'所求者生马，安事⑦死马而捐五百金？'涓人对曰：'死马且买之五百金，况生马乎？天下必以王为能市马，马今至矣。'于是不能期年，千里之马至者三。今王诚欲致士，先从隗始。隗且见事，况贤于隗者乎？岂远千里哉？"

于是昭王为隗筑宫而师之。乐毅自魏往，邹衍自齐往，剧辛自赵往，士争凑燕。燕王吊死问生，与百姓同其甘苦。二十八年，燕国殷富，士卒乐佚轻战。于是遂以乐毅为上将军，与秦、三晋合谋以伐齐。齐兵败，闵王出走于外。燕兵独追北入至临淄，尽取齐宝，烧其宫室宗庙。齐城之不下者，唯独莒、即墨。

《战国策·燕策一》

【注释】

①诎（qū）指而事：卑躬屈膝地侍奉贤者。

②嘿：通"默"。

③眄（miǎn）视：斜着眼睛看。

④恣睢（zì suī）：放纵暴戾。

⑤呴（hǒu）籍叱咄（duō）：吼叫骂人，大声呵斥。

⑥涓人：宫中亲近的侍从。

⑦安事：哪里用得着。

【译文】

燕昭王收拾了残破的燕国后登位，他礼贤下士，用丰厚的聘礼来招募贤才，想要依靠他们来报齐国破燕杀父之仇。为此他去见郭隗先生，说："齐国乘人之危，攻破我们燕国。我深知燕国势单力薄，无力报仇。然而如果能得到贤士与我共商国是，洗刷先王的耻辱，这是我的愿望。请问怎样才能为国复仇呢？"

郭隗先生回答："成就帝业的国君以贤者为师，成就王业的国君以贤者为友，成就霸业的国君以贤者为臣，行将灭亡的国君以贤者为仆役。国君如果能够卑躬屈膝地侍奉贤者，屈居下位接受教诲，那么才能超出自己百倍的人就会到来。抢先迎接别人，别人停步后自己才停步，先去求教别人过后再默默思考其中的道理，那么才能胜过自己十倍的人就会到来。别人怎么做，自己也跟着做，那么才能与自己相当的人就会来到。如果靠着几案，挂着手杖，盛气凌人地指挥别人，那么供人驱使跑腿当差的人就会来到。如果放纵骄横，行为粗暴，吼叫骂人，大声呵斥，那么就只有奴隶和犯人来了。这就是古往今来实行治国之道和招致人才的各种方法啊。大王若是真想广泛选用国内的贤人，就应该亲自登门拜访，天下的贤人听说大王的这一举动，就一定会赶快投奔到燕国来。"

燕昭王问："我应当先拜访谁才好呢？"郭隗先生说道："我听说古时有一位国君想用千金求购千里马，可是三年也没有买到。宫中有个亲近的侍从对他说道：'请您让我去买吧。'国君就派他去了。三个月后他终于找到了千里马，可惜马已经死了，但是他仍然用五百金买了那匹马的脑袋，回来向国君复命。国君大怒道：'我要的是活马，死马有什么用，而且还白费五百金？'这个亲近的侍从胸有成竹地对君主说：'买死马尚且肯花五百金，更何况活马呢？天下人一定都以为大王您喜欢买好马，千里马很快就会到来。'于是不到一年，三匹千里马就到手了。如果现在大王真的想要招引人才，就请先从我郭隗开始吧。天下人看到我这种人尚且被重用，何况那些胜过我的人呢？他们难道还会嫌千里的路程太遥远而不来投奔燕国吗？"

于是燕昭王为郭隗专门建造房屋，并拜他为师。（消息传开后）乐毅从魏国赶来，邹衍从齐国而来，剧辛也从赵国来了，人才争先恐后集聚燕国。燕昭王又在国中祭奠死者，慰问生者，和百姓同甘共苦。燕昭王二十八年（前284年）的时候，燕国终于殷实富足、国力强盛，士兵们心情舒畅、愿意效命。于是燕昭王用乐毅为上将军，和秦、赵、魏、韩等国联合策划攻打齐国。齐国大败，齐闵王逃到国外。燕军又单独追击败军，一直打到齐都临淄，搬走了那里的全部宝物，烧毁了齐国宫殿和宗庙。没有被攻下的齐国城邑，只剩下莒和即墨了。

【简析】

燕昭王为报仇雪耻而急欲招贤纳士，虚心向郭隗请教。郭隗给出了两个原则性的方法：一是礼贤下士，与贤者为师、为友；二是以厚待身边的贤人来吸引远方的贤人。最终各国贤者争赴燕国，燕昭王在乐毅等人的帮助下大破齐国。重用人才对于一个人成就大业来说非常的重要，求贤若渴、礼贤下士的人肯定能为自己成就一番事业打下坚实的基础。只有非常谦恭地尊重人才、推崇人才、优待人才，才能招引杰出人才，云集才俊，才能集思广益、凝聚力量而成就伟业。

汉高祖刘邦之所以能一统天下，最关键之处在于他能招揽人才而且善于重用人才。正如刘邦之言：如果说运筹帷幄之中，决胜于千里之外，我比不上张子房；镇守国家，安抚百姓，供给粮饷，保证运粮道路不被阻断，我比不上萧何；统率百万大军，战则必胜，攻则必取，我比不上韩信。这三个人都是人中俊杰，我却能够使用他们，这就是我能够取得天下的原因所在。项羽虽然有一位范增却不能信用他，这就是项羽最终被我擒获的原因。

燕国历史也证明，燕昭王死后，燕惠王即位，因为在做太子时和乐毅有过矛盾，又中了田单的反间计，在齐国只剩下即墨和莒两座城池没有攻下的关键时刻，竟然让骑劫代替乐毅做将军，结果乐毅被迫逃跑到赵国，田单则凭借即墨一城的兵力，巧用火牛阵打败了燕国军队。骑劫战死，燕军后退到本国，齐国一鼓作气收复全部失地。由此可见，君主如何对待贤人，可以说在根本上决定了一个国家的兴亡盛衰。中国历朝历代的贤君与昏君的故事无一不在深刻地说明这个道理。

能辅相国家，则宝之

王孙圉①聘于晋，定公飨②之，赵简子鸣玉以相，问于王孙圉曰："楚之白珩③犹在乎？"对曰："然。"简子曰："其为宝也，几何矣？"

曰："未尝为宝。楚之所宝者，曰观射父，能作训辞④，以行事于诸侯，使无以寡君为口实⑤。又有左史倚相，能道训典，以叙百物，以朝夕献善败于寡君，使寡君无忘先王之业；又能上下说⑥于鬼神，顺道其欲恶，使神无有怨痛于楚国。又有薮⑦曰云连徒洲，金木竹箭之所生也。龟、珠、角、齿、皮、革、羽、毛所以备赋⑧，以戒不虞者也。所以共⑨币帛，以宾享于诸侯者也。若诸侯之好币具，而导之以训辞，有不虞之备，而皇神相之，寡君其可以免罪于诸侯，而国民保焉。此楚国之宝也。若夫白珩，先王之玩也，何宝之焉？

"圉闻国之宝六而已：明王圣人能制议百物，以辅相国家，则宝之；玉足以庇荫嘉谷，使无水旱之灾，则宝之；龟足以宪臧否⑩，则宝之；珠足以御火灾，则宝之；金足以御兵乱，则宝之；山林薮泽足以备财用，则宝之。若夫哗嚣之美，楚虽蛮夷，不能宝也。"

《国语·楚语下》

【注释】

①王孙圉（yǔ）：楚国的大夫。

②飨（xiǎng）：用酒食招待客人。

③珩（héng）：古代佩饰上面的横玉。

④训辞：外交辞令。

⑤口实：话柄。

⑥说：通"悦"，取悦。

⑦薮（sǒu）：长有许多水草的湖泽。

⑧赋：军备财物。

⑨共：通"供"，提供。

⑩宪臧否：判定是非。

【译文】

王孙圉到晋国访问，晋定公设宴招待他，担任赞礼官的晋国大夫赵简子身上的佩玉叮当作响，他问王孙圉说："楚国的白珩还在吗？"王孙圉回答说："在。"简子说："白珩作为国宝，价值多少啊？"

王孙圉说："我们楚国从没将它当成宝物。楚国视为国宝的，叫观射父，他擅长外交辞令，和各诸侯国打交道，使我国国君不被其他国家抓住什么话柄。还有左史倚相，能够引经据典，论述各种事物，又经常将前人成败的经验和教训告诉国君，使国君不忘记先王的基业；他还善于取悦于天地神明，顺应它们的好恶，使神明对楚国没有怨恨。楚国还有一片湖泽叫云梦泽，盛产金属、木材、竹材、箭杆，还有龟甲、珍珠、兽角、象牙、兽皮、犀牛皮、鸟羽、牦牛尾可以用来制备军用物资，以防范意外事件。也可以用来提供钱财布匹，以馈赠给各诸侯享用。如果各诸侯对礼品感到满意，再加之优美的外交辞令，又有对付患难的装备，加上皇天神灵相辅佑，使我国君王能够免于各诸侯国的归罪指责，国民安稳也得到了保障。这些才是楚国的国宝。至于白珩，只是楚国先王的玩物而已，哪称得上是国宝啊？

"我听说所谓国家的宝物只有六种而已：圣贤能够掌握和评判万事万物，来辅佐国家的，就将他当作宝；足以庇护赐福使五谷丰登的宝玉，使国家没有水旱之灾，就将它当作宝；足以准确布告福祸的龟甲，就将它当作宝；足以用来抵御火灾的珍珠，就将它当作宝；足以防御兵乱的金属，就将它当作宝；足以供给财用的山林湿地湖泽，就将它当作宝。至于那些叮当作响、徒有其表的美玉，楚国虽然是文化落后的地区，也不会将它当作宝的。"

【简析】

《国语》中《王孙圉论楚宝》这一经典名篇，记叙了春秋时期晋国大夫赵简子与楚国使者王孙圉在一次外交宴会上辩论宝物的谈话。赵简子作为赞礼人接待陪同王孙圉，一边故意使身上的佩玉叮当作响，一边骄傲地向王孙圉询问楚国的白珩价值几何，显然是故意在这次外交宴会上炫耀晋国的富有，以此压倒楚国，使楚国的使者自惭形秽。然而，王孙圉的回答却出人意料。面对赵简子的发难，王孙圉沉着机智地答道：楚从来没有将白珩这种玩饰之物当作宝物，楚国的宝物乃是在内政外交上辅君治国的贤臣和能使国家强大、得福消灾的丰富物产。王孙圉由此进一步展开论述一个国家的六种宝物，不外乎是能使国家得天时、地利、人和的人才与物产，言外之意，只有人尽其才、物尽其用，才能安国保民。王孙圉谦逊平正的言谈隐藏着对晋国所炫耀的"哗嚣之美"的辛辣嘲讽，含蓄而有力地回应了赵简子的鸣玉之举与白珩之问，首尾呼应，章法井然。前后两部分都是先正面论述，后反面讽刺，正论理直气壮，反刺机锋射人。正论为反刺蓄势，从而引起有力的反讽；反刺为正论收束，使言谈由庄重到诙谐，大有不屑一驳的意趣。二者相得益彰，展现了有力且幽默的语言风格。文章戛然而止，把赵简子的尴尬窘态等丰富的后续全留给读者去想象，有言尽意不尽之妙。

欲建洪勋，必须良佐

抱朴子曰："舍轻艘而涉无涯者，不见其必济也；无良辅而羡隆平者，未闻其有成也。鸿鸾之凌虚者，六翮之力也；渊虬之天飞者，云雾之偕也。故招贤用才者，人主之要务也；立功立事者，髦俊①之所思也。若乃乐治定而忽智士者，何异欲致远涂而弃骐骒哉！

"夫拔丘园之否滞，举遗漏之幽人，职尽其才，禄称其功者，君所以待贤者也；勤夙夜之在公，竭心力于百揆，进善退恶，知无不为者，臣所以报知己也。世有隐逸之民，而无独立之主者；士可以嘉遁而无忧，君不可以无臣而致治。是以傅说、吕尚②不汲汲于闻达者，道德备则轻王公也；而殷高、周文乃梦想乎得贤者，建洪勋必须良佐也。

"患于生乎深宫之中，长乎妇人之手，不识稼穑之艰难，不知忧惧之何理，承家继体，蔽乎崇替。所急在乎侈靡，至务在乎游晏，般于畋猎，湎于酣乐，闻淫声则惊听，见艳色则改视。役聪用明，止此二事；鉴澄人物，不以经神。唯识玩弄可以悦心志，不知奇士可以安社稷。犀象珠玉，无足而至自万里之外；定倾之器，能行而沦乎四境之内。二竖之疾既据而募良医，栋桡之祸已集而思谋夫，何异乎火起乃穿井、觉饥而占田哉！夫庸隶犹不可以不拊循而卒尽其力，安可以无素而暴得其用哉！"

《抱朴子外篇·贵贤》

【注释】

①髦俊：出类拔萃的人才。

②傅说（yuè）、吕尚：傅说辅佐商高宗实现复兴大业，吕尚辅佐周文王、周武王灭商建周。据史书记载，商高宗和周文王在遇到傅说和吕尚之前，都分别在自己的梦中见到过二人。

【译文】

抱朴子说："舍弃轻快的船只却想蹚过无边大海的人，我们将看不到他顺利渡过；没有优秀的辅佐大臣却想实现太平盛世的君主，我们将听不到他成功的消息。鸿雁和鸾凤之所以能够凌空飞翔，依靠的是双翅的力量；深渊中的虬龙之所以能够在天上飞舞，依赖的是云雾的帮助。所以招纳使用贤人，是君主最重要的事情；建功立业，则是贤人的理想追求。如果向往太平安定的政治局面而又忽略那些智谋之士，这与想去远方却又抛弃骏马又有什么不同呢？

"请出山水田园中被埋没的人才，举荐被遗漏的隐士，让他们在适当的职务上尽情地发挥自己的才华，让俸禄与他们的功劳相一致，这就是国君对待贤士的方法；为了国家日夜勤奋努力，尽心竭力地处理好各种政务，举荐善人而斥退恶人，知道了该做的事情就勇于去承担，这就是臣下报答君主赏识的态度。世上有隐逸独居的百姓，却没有不需要别人帮助的君主；士人可以隐居而无忧无愁，而国君却不可能没有臣下的辅佐而治理好国家。因此傅说和吕尚并不急切追求富贵显达，因为人才只要掌握了大道、具备了美德就可以轻视王公大人；而商高宗与周文王之所以连做梦都想得到贤人，那就是因为要想成就大业必须有优秀的辅佐之臣。

"令人担心的是一些君主出生在深宫大院之中，在众多女性仆人的哺育和帮助下长大，不懂得耕种庄稼的辛苦，不明白忧愁恐惧是怎么回事，他们继承了帝王之位，却根本不知道国家兴衰的道理。他们迫切地想过一种奢侈放纵的生活，努力追求的全是游乐宴饮，他们流连忘返于打猎之乐，沉醉于美酒之中，他们一听到情意绵绵的音乐就竖耳倾听，一看见艳丽女子就转眼注视。他们把所有的听力和眼力，全都用在这两件事上；而鉴别人才的事情，却从不放在心上，他们只知道玩赏珍宝可以赏心悦目，不懂得才能超群的人能够安定国家。犀角、象牙、珍珠、美玉这些东西，没有腿脚却能够从万里之外来到他们的手中；能够挽救危亡局面的人才，可以行走却在国内就被埋没。病入骨髓时才去招募好的医生，房屋倒塌的灾祸已经发生了才去找人谋划，这与火已经烧了起来才去挖井取水、肚子饿了才去寻找田地耕种的人又有什么两样呢？愚笨的奴隶尚且不能够不加抚慰而于仓促之间就让他们为自己尽心出力，杰出的人才又怎么能够平时没有恩宠而突然之间就让他们为自己所用呢！"

【简析】

本文从正反两方面使用了大量巧妙而贴切的比喻例证来说明

治国必须重用贤臣良佐才能建功立业，成昌盛太平之治。在本文中，葛洪具体阐述了以下几个观点：首先，葛洪认为，君主的首要任务就是选拔人才，他用"舍轻舣而涉无涯者"来比喻"无良辅而羡隆平者"，可谓极其生动形象，由此明确告诫君主，他的"要务"是"招贤用才"，至于具体的建功立业，那就是大臣们应该考虑的事情了。其次，葛洪分别将隐士与君主对别人的依赖性做了比较，进一步证明君主重视人才的重要性。葛洪说得很透彻，隐士可以一个人进入山林去做隐士，但君主却不可能一个人在朝廷就能当君主，因此隐士可以笑傲王侯，而君主却不可怠慢贤臣。这一对比具有很强的说服力。最后，葛洪引用《荀子·哀公》"寡人生于深宫之中，长于妇人之手"与《尚书·无逸》"不知稼穑之艰难"这两句经典名言，指出帝王贵族的生活经历原本已经在很大程度上决定了他们往往"不知忧惧"，由此告诫君主不可沉溺于声色宴乐之中。君主不仅要掌握鉴别人才的能力，还要及早与贤人建立良好的关系，不可"火起乃穿井，觉饥而占田"，千万不要到了国家危难的时候再去寻求贤人帮助。总体来看，本文说理透彻，比喻精切，逻辑严密，义理平正，语言通俗而又警策非常，即便与"四书五经"、《荀子》、《管子》、《淮南子》等经典中探讨重贤贵贤的名篇名段相比，也毫不逊色，充分体现了葛洪卓越的个人才华与深沉的忧国忧民之心。

转移习俗，陶铸世人

风俗之厚薄奚自乎？自乎一二人之心之所向而已。民之生，庸弱者，戢戢皆是也。有一二贤且智者，则众人君之而受命焉，尤智者所君尤众焉。此一二人者之心向义，则众人与之赴义；一二人者之心向利，则众人与之赴利。众人所趋，势之所归，虽有大力，莫之敢逆。故曰："挠万物者莫疾乎风。"风俗之于人之心，始乎微，而终乎不可御者也。

先王之治天下，使贤者皆当路在势，其风民也皆以义，故道一而俗同。世教既衰，所谓一二人者，不尽在位，彼其心之所向，势不能不腾为口说，而播为声气。而众人者，势不能不听命，而蒸为习尚。于是乎徒党蔚起，而一时之人才出焉。有以仁义倡者，其徒党亦死仁义而不顾；有以功利倡者，其徒党亦死功利而不返。水流湿，火就燥，无感不雠，所从来久矣。今之君子之在势者，辄曰："天下无才。"彼自尸于高明之地，不克以己之所向，转移习俗，而陶铸一世之人。而翻谢曰："无才。"谓之不诬可乎？否也。十室之邑，有好义之士，其智足以移十人者，必能拔十人中之尤者而才之。其智足以移百人者，必能拔百人中之尤者而才之。

然则转移习俗而陶铸一世之人，非特处高明之地者然也。凡一命以上，皆与有责焉者也。有国家者，得吾说而存之，则将慎择与共天位之人，士大夫得吾说而存之，则将惴惴乎谨其心之所向，恐一不当，而坏风俗，而贼人才。循是为之，数十年之后，万有一收其效者乎，非所逆睹已。

《曾国藩全集·原才》

【译文】

社会风尚的淳厚与轻薄源自哪里呢？源自于一两个人的心思所向罢了。百姓中，平庸懦弱的人比比皆是。如果有一两位贤能之人，大家就会拥戴他们并听从其教导，那些特别贤能的人受到的拥戴就更多了。这一两个人的心归于仁义，众人便和他一起追求仁义；这一两个人的心倾向名利，众人便和他一起追逐名利。众人一同追求，就形成大势所趋，即使有巨大的力量，也无法违背。所以说："搅动天下万物的，没有比风来得更迅疾的了。"风俗对于人心的影响，起初很微弱，最后却是不可抗拒的。

古代的帝王治理天下，使贤能的人居要职、掌权势，他们也以仁义教化人民，所以社会规范统一、风尚相同。世道教化衰落后，前文所谓的一两个贤人并不全部身居要职，他们的志向主张，不可避免地会通过语言表达出来，并通过他们的声音和气息传播开来。众人也势必听从他们的号召，并渐渐将其内化成习俗风尚。于是他们的跟随者就越来越多，一个时代的人才就这样产生了。倡导仁义的人，他的追随者会为仁义而死，义无反顾；号召功利的人，他的追随者也会为功利而牺牲，决不回头。水向着潮湿的地方流动，火就着干燥的东西燃烧，召唤必得感应，向来就是如此。现在掌握权势的高位者，动辄便说："天下没有人才。"他们身居高位，不用自己的思想转变风尚、造就人才，反而推脱说："没有人才。"这难道不是自欺欺人吗？一个只有十户人家的小村落，如果有崇尚仁义的君子，其才智足以改变十个人，就一定能选拔出十人中的优异者将其栽培成才。才智能改变一百个人，就一定能选拔出百人中的优异者将其栽培成才。

然而移风易俗和栽培造就一代人才，并非仅仅是身居高位显贵之人的事。凡是有一官半职的人，都有责任参与此事。治理国家的人若采取我的主张，就会谨慎选择能与他共同治理的人才；士大夫采取我的主张，就会谨慎地树立自己的志向，唯恐稍有不当，就会败坏风尚、摧残人才。按照这种方式去做，几十年以后，可能会有一些成效吧，但这就不是我所能预见的了。

【简析】

在风雨如晦的晚清政局中，人们普遍意识到国家盛衰的根源在于人才，并常有"无才"之叹。曾国藩不认为这种感叹有任何实际效用，他主张切实地从民间选拔贤能好义之士，才能真正为国家储人才，移风俗，图富强。

曾国藩深受方苞、姚鼐等桐城派古文大师的影响，其文针砭时弊、直抒胸臆，文风高雅纯洁。在文章中，曾国藩主要讨论了人才的培养与任用问题，从强调人才的重要性，讲到培养人才的方法，再论述造就人才的责任，最后以收效于将来作为结尾，可谓探求事物发展的起源与结果，将其中微妙之处表现得淋漓尽致。对于人才之栽培与任用，曾国藩实际上早已身体力行，他曾招募大量幕僚"讲求有用之学"，使得当时社会的衰颓风气为之一变。更重要的是，曾国藩认为选拔人才、移风易俗并非只是君主的责任，他强调"凡一命以上，皆与有责焉者也"，体现了"天下兴亡，匹夫有责"的观念。在今天，领导干部应该关注选拔优秀人才和推动社会风气向好的大问题，我们每一个人也应该以自己的实际行动去促进社会风气的改善，这样才能让我们的社会风气变得更加淳朴和健康。

任贤而兴，专己而衰

国以任贤使能而兴，弃贤专己而衰。此二者必然之势，古今之通义，流俗所共知耳。何治安之世有之而能兴，昏乱之世虽有之亦不兴？盖用之与不用之谓矣。有贤而用，国之福也；有之而不用，犹无有也。商之兴也有仲虺、伊尹，其衰也亦有三仁。周之兴也同心者十人，其衰也亦有祭公谋父、内史过。两汉之兴也有萧、曹、寇、邓之徒，其衰也亦有王嘉、傅喜、陈蕃、李固之众。魏晋而下，至于李唐，不可遍举，然其间兴衰之世，亦皆同也。由此观之，有贤而用之者，国之福也；有之而不用，犹无有也，可不慎欤？

今犹古也，今之天下亦古之天下，今之士民亦古之士民。古虽扰攘之际，犹有贤能若是之众，况今太宁，岂曰无之？在君上用之而已。博询众庶，则才能者进矣；不有忌讳，则谠直之路开矣；不迩小人，则谗谀者自远矣；不拘文牵俗，则守职者辨治矣；不责人以细过，则能吏之志得以尽其效矣。

《王安石文集·兴贤》

【译文】

国家都是因为任用贤能之人而兴盛，因为不用贤能之人、专凭君主一己之见而衰败。这两点是社会发展的必然规律，古往今来都是这样,也是一般人所认同的。为什么和平安定的时代有了贤能之人就能兴盛,混乱动荡的年代即使有这样的人也不能兴盛呢?这就在于是否能任用这些贤能之人了。有了贤能之人并加以任用,这是国家的福气;有了贤能之人却不用,就像没有一样。商朝兴起时,有仲虺、伊尹这样的贤臣,等到衰败时也有三仁(微子、箕子、比干)这样的贤人。周朝兴起时,有与周武王同心同德的十位贤臣,等到衰败时也有祭公谋父、内史过这样的贤臣。两汉兴起时,有萧何、曹参、寇恂、邓禹这样的贤人,等到衰败时也有王嘉、傅喜、陈蕃、李固等众多贤人。从魏晋以后,直到唐朝,这样的贤人很多,不能全部列举,而其中有的出现在兴盛的时代,有的出现在衰败的时代,也和上面所说的相同。由此看来,有贤能之人并加以任用,是国家的福气;有了贤能之人却不用,就像没有一样,国家于此怎能不慎重呢?

现今的情况和古代是一样的,现今的天下就如同古代的天下,现今的士人和民众也如同古代的士人和民众。在动荡不安的古代,都还有上述那么多的贤能之人,何况现今太平安宁,怎么能说没有贤人呢?这就看君主如何任用了。君主广泛征求百姓的意见,有才能的人就能进用了;君主没有忌讳的事情,人们就敢于直言进谏了;君主不亲近小人,那些喜欢毁谤、逢迎的人就被疏远了;君主不计较于公文条例、不受制于世俗观念,谨守职责的人就能明辨是非地处理事务了;君主不挑别人的小毛病,有办事能力的人就可以按照自己的设想放手去做以达到理想的效果了。

【简析】

北宋熙宁二年（1069年），宋神宗起用王安石为参知政事，开始实行"熙宁变法"，以改变北宋积贫积弱的局面。王安石认为变法成功与否的关键就在于能否选贤任能，所以他就此问题写了很多文章，本文就是其中的一篇，意在为他主持的变法改革揽纳贤才、制造声势。

本文短小精悍、简洁明了，中心论题就是要启用贤能之人。开篇所谓"国以任贤使能而兴，弃贤专己而衰"，开宗明义地点明了文章主旨，将国家的兴衰问题归结到"贤人"问题之上；接着，王安石列举了自古以来王朝兴衰的诸多案例，来论证"任贤"的必要性和迫切性；文章最后，他点明"今犹古也"，指出无论历史如何发展，选贤任能永远是国治民安的不二法门，君主只有充分发挥人才的力量，才能创造出伟大的盛世。

在当今时代，人才依然是国家发展的命脉。我们的领导干部应该牢固树立人才优先的意识，优化人才发展的社会环境，改进人才管理的实施方式，才能切实推动人才事业的全面发展，引领中华民族的伟大复兴。

用人：善用人是治国的关键

北宋大儒程颢说:"天地生一世人,自足了一世事。但恨人不能尽用天下之才,此其不能大治。"人才难得、识人不易、用人更难,如何"聚天下英才而用之",自古以来都是历代政府治国理政的重大现实课题,只有强化不拘一格选拔人才的意识,建立充满活力的人才发展机制,才能在发现人才、培养人才、爱护人才、敬重人才、发展人才、解放人才、选好人才、用活人才的审慎过程之中,充分实现每个人才的最大价值,实现国家的繁荣昌盛。

按名督实,选才考能

文王问太公曰:"君务举贤而不获其功,世乱愈甚,以至危亡者,何也?"

太公曰:"举贤而不用,是有举贤之名而无用贤之实也。"

文王曰:"其失安在?"

太公曰:"其失在君好用世俗之所誉,而不得真贤也。"

文王曰:"何如?"

太公曰:"君以世俗之所誉者为贤,以世俗之所毁者为不肖,则多党者进,少党者退。若是则群邪比周①而蔽贤,忠臣死于无罪,奸臣以虚誉取爵位,是以世乱愈甚,则国不免于危亡。"

文王曰:"举贤奈何?"

太公曰:"将相分职,而各以官名举人,按名督实,选才考能,令实当其名,名当其实,则得举贤之道也。"

《六韬·文韬·举贤》

【注释】

①比周:结党营私。

【译文】

周文王问姜太公说:"君主致力于推举人才却不能获得功

效，世间越来越混乱，以致使国家面临危亡，这是为什么呢？"

姜太公说："推举贤人而不任用，这只是有举贤的虚名而没有使用贤人的实效。"

周文王问："那么过失到底出现在哪里呢？"

姜太公说："过失在于君主喜好任用世俗之人所称誉的人，而没有得到真正的贤人。"

周文王问："为什么会这样呢？"

姜太公说："君主把世俗所称誉的人当作贤人，认为世俗所诋毁的人是不贤之人，所以，集结朋党多的人就得以被任用升职，集结朋党少的人就会被降低职务。这样，结党营私的奸邪之人就会朋比为奸阻挡贤人，忠臣枉死，奸臣以虚名骗取爵禄高位，导致社会更加混乱，国家就不免遭遇灭亡的灾难了。"

周文王问："如何才能推举出贤能之人呢？"

姜太公说："使将、相各守其职，依据不同职位的用人标准去选拔人才，按照不同岗位标准考察实际工作情况，选拔出人才并考核他们的能力，使选拔条件与官职相符合，使官职与官员实际能力相符合，这样就掌握选用贤才的方法了。"

【简析】

《六韬·文韬》在《守土》《守国》两篇之后，紧接着便是《上贤》《举贤》，就是为了强调重用贤能对于守卫国土的重要性。《上贤》重在论述君主应当尊重德才兼备的人，舍弃无才无德的人，提倡诚信，反对虚伪，禁除暴乱，制止奢侈。认为伤害德治、伤害教化、伤害王权、伤害威信、伤害功臣、伤害百姓的人是国家的六种奸贼，告诫君主对于轻率之人、钻营之人、虚伪之人、奸诈之人、谄媚之人、技艺之士、巫蛊之士的使用要慎重。《举贤》进而具体讨论举贤过程中经常遇到的问题，比如有时候被推荐的人声誉很高，却是无用之人。认为以世俗评价为衡量标准，难以得到真正的人才，解决办法在于认真按照岗位标准来考察其实质，注重考核人才的工作能力，检验其真实水平与所担任官职是否符合。

从论说艺术上来看，本文主要使用了鲜明的正反对比与简要的逻辑递推，比如将世俗毁誉与按名督实、多党与少党、忠臣与奸臣做出鲜明对比，强调举贤不能成功是因为没有用贤之实，不能用贤是因为举贤使用了世俗毁誉这个错误的标准。因此要想避免国君因采纳举贤制度后引发更加混乱的官场局面，必须使用"按名督实，选才考能"这个实事求是的标准，环环相扣，层层推进，才能名副其实，实现理想大治。道理、逻辑、文辞都简明易懂，具有很强的说服力，这正是《六韬》各篇一以贯之的朴实风格，充分体现了作者的忧患意识与通透智慧。

俊杰在官，兢兢业业

曰若稽古，皋陶曰："允迪厥德，谟明弼谐。"①禹曰："俞②！如何？"皋陶曰："都③！慎厥身，修思永。惇叙九族，庶明励翼，迩可远在兹。"④禹拜昌言曰："俞！"

皋陶曰："都！在知人，在安民。"禹曰："吁！咸若时⑤，惟帝其难之。知人则哲，能官人。安民则惠，黎民怀之。能哲而惠，何忧乎驩兜⑥，何迁乎有苗⑦，何畏乎巧言令色孔壬⑧？"

皋陶曰："都！亦行有九德。亦言其人有德，乃言曰，载采采⑨。"禹曰："何？"皋陶曰："宽而栗⑩，柔而立，愿⑪而恭，乱⑫而敬，扰⑬而毅，直而温，简而廉，刚而塞⑭，强而义。彰厥有常吉哉！

"日宣三德，夙夜浚明有家。⑮日严祗敬六德，亮采有邦。⑯翕受敷施，九德咸事，俊乂在官，⑰百僚师师⑱，百工惟时。抚于五辰，庶绩其凝。

"无教逸欲有邦，兢兢业业，一日二日万几。无旷⑲庶官，天工⑳，人其代之。"

《尚书·虞书·皋陶谟》

【注释】

①允迪厥德，谟明弼谐：君王能按照古代先王的德行处理政

务，辅佐的臣子就能同心协力了。迪，履行。厥，代词，其。谟，通"谋"，指治国方略。弼，辅助，这里指辅佐的臣子。

②俞：语气词，表赞同。

③都：语气词"啊"。

④惇叙九族，庶明励翼，迩可远在兹：要亲近九族，那些贤明的人就会相互勉励并来辅佐您，由远及近的道理就在于此。惇叙，敦厚顺从。翼，辅助。迩，近。

⑤咸若时：像这样。

⑥驩兜：相传为尧舜时的部落首领，四凶之一。

⑦有苗：三苗，古代一个部落。

⑧孔壬：十分奸佞的人。

⑨载采采：就要把他做的事一件一件列出来。

⑩栗：严肃。

⑪愿：小心谨慎。

⑫乱：有治理能力。

⑬扰：和顺，善听取别人意见。

⑭塞：充实。

⑮日宣三德，夙夜浚明有家：每日能表现出其中的三种美德，早晚都恭敬努力地去实行，卿大夫就能保持其封地。浚，恭敬。明，努力。

⑯日严祗敬六德，亮采有邦：每天能庄严地实践其中的六种德，诸侯就能保持他的邦国。严，通"俨"，庄重的样子。

祗，恭敬。亮，辅助。采，事务。

⑰翕受敷施，九德咸事，俊乂在官：君主普遍推行九德，使具备九德的人都出来任职做事，才德超群的人都获得相应的官位。翕（xī），合。敷施，普遍推行。俊乂（yì），指才德过人的人。

⑱师师：互相效法。

⑲旷：空设。

⑳天工：上天命令的事。

【译文】

讨论古代治国之理，皋陶曾在大舜的朝廷上说："君王能按照古代先王的德行处理政务，辅佐的臣子就能同心协力了。"禹说："是啊！该如何去做呢？"皋陶说："啊！要谨慎地修养自身，思虑深远。要亲近九族，那些贤明的人就会相互勉励并来辅助您，由近及远的道理就在于此。"禹听了这番精当的言论后说："对呀！"

皋陶说："啊！还要能了解他人，安抚民心。"禹说："噢！像这样，连帝舜也难以做到。能识人就是明智，就能用人得当。能安定民心就是慈爱，百姓都会怀念他。能做到明智和受人爱戴，何必担心驩兜，何必流放三苗，何必畏惧花言巧语、察言观色的奸佞之人呢？"

皋陶说："啊！人才应具备九种美德。要说某人有美德，就要把他做的事一件一件列出来。"禹问:"九种美德有哪些?"皋陶说:"宽宏而又严肃,性情柔和而又有主见,谨慎而又庄重,有能力而又认真,能听取别人意见而又果断刚毅,正直而又温和,能从大处着眼又能从小处着手,刚正而又笃实,勇敢而又善良。能在行为中彰显出这九种品德,就能把事情办好啊!

"每日能表现出其中的三种美德,早晚都恭敬努力地去实行,卿大夫就能保持其封地。每天能庄严地实践其中的六种美德,诸侯就能保持他的邦国。君主普遍推行九德,使具备九德的人都出来任职做事,才德超群的人都获得相应的官位,百官臣僚相互学习效法,把自己的职责事务做好。使政事与天象运转相顺应,各种事情都会成功。

"治理国家的人不要贪图安逸和私欲,要兢兢业业,因为情况天天变化万端。不要虚设各种官职,上天命定的工作,应当由人来承担并完成。"

【简析】

《皋陶谟》是《尚书》中的经典名篇,它集中阐释了儒家政治哲学的精粹。皋陶是一代贤相,他辅佐大舜和大禹,达到了中国后世理想中的王道政治。他认为,统治者为政最重要的是做到两点:知人则哲,安民则惠。知人即选贤任能,安民则是保民利民。当然这两点的根本还在于统治者自身。皋陶要求统治者自身既能在道德修养上有所成就,同时在认知思虑上也能有所发展。

只有这样，统治者才能既通过道德扰聚人才，又通过智慧来选贤任能和制定政策。事实上，儒家的政治哲学始终关注的是政治治理和秩序建设，因而知人和安民是最重要的。政治治理需要两方面的努力，一是设立制度，二是安排人事。在儒家看来，制度是人设立的，所以对治理最重要的就是安排人事，因而知人便是解决治理问题的关键。而秩序的建立是一个更复杂的问题。所谓秩序，不仅有政治秩序，还有经济秩序、文化秩序等等。而之所以建立一个优良的秩序，就是要让民众有矩可循、身心安顿，也就是说，安民是建立秩序的根本。因此，"知人"和"安民"对现代社会仍然有巨大现实意义，是我们实现社会和谐必须注意的。

择能而使，鲜有败事

子产之从政也，择能而使之。冯简子能断大事，子大叔美秀而文，公孙挥①能知四国之为，而辨于其大夫之族姓、班位、贵贱、能否，而又善为辞令。裨谌②能谋，谋于野则获，谋于邑则否。郑国将有诸侯之事，子产乃问四国之为于子羽，且使多为辞令；与裨谌乘以适③野，使谋可否；而告冯简子使断之。事成，乃授子大叔使行之，以应对宾客，是以鲜有败事。

《左传·襄公三十一年》

【注释】

①公孙挥：字子羽，故下文称其"子羽"。

②裨谌：郑国大夫，《论语》中也记载其善于草拟外交辞令。

③适：去，到，往。

【译文】

子产参与政事，选择贤能的人来任用。冯简子能决断大事，子太叔容貌清秀而有文采，公孙挥（子羽）能了解四方诸侯的政令，并辨识各国大夫的家族姓氏、官职爵位、地位贵贱、才能高低，又善于起草外交辞令。裨谌能出谋划策，他在野外思考时能有正确的判断，在城里就不行。郑国一旦有诸侯外交上的事情，子产就向子羽询问四方诸侯的情况，并且让他起草各种外交辞令；和裨谌一起坐车到野外去，让他思考良策；再把结果告诉冯简子让他做决断。事情策划完成后，子产才交给子太叔执行，以应对诸侯国的使臣，因此（子产参与政事时）很少把事情办坏。

【简析】

在《左传·襄公三十一年》中，本文之下的两段分别为《郑人游于乡校》和《子皮欲使尹何为邑》，皆为《左传》书中的名段，记载了子产生平辉煌的事迹。子产治郑，礼让为国，宽猛相济，不毁乡校，民不能欺，常为后人津津乐道。但这些都是因子产知人善任、推贤举能才得以真正落实。因此，本文对于后人了解一代名相子产非常重要。《论语·宪问篇》记载："子曰：'为命，裨谌草创之，世叔讨论之，行人子羽修饰之，东里子产润色之。'"孔子曾在赞美郑国的人才之盛时说，郑国外交辞令的创制，裨谌拟稿，世叔提意见，外交官子羽修改，子产做文辞上的加工。《论语·公冶长篇》记载，孔子对子产说："有君子之道四焉：其行己也恭，其事上也敬，其养民也惠，其使民也义。"孔子赞美子产有四种行为合乎君子之道：他自己的行为庄重谦逊，他侍奉君主恭敬有礼，他教养人民有恩惠，他役使人民合乎道理。《左传·昭公二十年》还记载孔子听到子产的死讯时深情地流泪说："古之遗爱也！"（子产这个人真是古代遗留在人间的仁爱之人啊！）孔子所谓"古之遗爱"赞叹的也是子产为政知人善任而使郑国百姓福泽深厚的功绩。用人问题自古以来就是治国理政的核心问题，从尧、舜、禹"天下为公"的皇位禅让以来，中华文明就形成了"有德者居高位"的用人理念。《六韬·文韬》中载姜子牙之言曰："天下非一人之天下，乃天下之天下也。"宋代著名思想家胡瑗更是简明扼要地以"致天下之治者在人才"道出了这一优良传统世代传承的奥妙。

视其所举，视其不为

魏文侯谓李克①曰："先生尝教寡人曰'家贫则思良妻，国乱则思良相'。今所置非成则璜②，二子何如？"

李克对曰："臣闻之，卑不谋尊，疏不谋戚。臣在阙门③之外，不敢当命。"

文侯曰："先生临事勿让。"

李克曰："君不察故也。居视其所亲，富视其所与，达视其所举，穷视其所不为，贫视其所不取，五者足以定之矣，何待克哉！"

文侯曰："先生就舍，寡人之相定矣。"

李克趋而出，过翟璜之家。

翟璜曰："今者闻君召先生而卜④相，果谁为之？"

李克曰："魏成子为相矣。"

翟璜忿然作色曰："以耳目之所睹记，臣何负于魏成子？西河之守，臣之所进也。君内以邺为忧，臣进西门豹。君谋欲伐中山，臣进乐羊。中山以拔，无使守之，臣进先生。君之子无傅，臣进屈侯鲋。臣何以负于魏成子！"

李克曰："且子之言克于子之君者，岂将比周以求大官哉？君问而置相'非成则璜，二子何如'？克对曰：'君不察故也。居视其所亲，富视其所与，达视其所举，穷视其所不为，贫视其所不取，五者足以定之矣，何待克哉！'是以知魏成子之为相也。且子安得与魏成子比乎？魏成子以食禄千钟，什九在外，什一在内，是以东得卜子夏、田子方、段干木。此三人者，君皆师之。子之所进五人者，君皆臣之。子恶得与魏成子比也？"

翟璜逡巡再拜曰："璜，鄙人也，失对，愿卒为弟子。"

《史记·魏世家》

【注释】

①李克：李悝，战国时期法家代表人物之一，曾任魏文侯之相，通过变法使魏国成为战国初期的强国。

②非成则璜：不是魏成子（魏文侯之弟），就是翟璜。

③阙门：王宫大门。

④卜：选择。

【译文】

魏文侯对李克说："先生曾经教导我说'家贫就想得贤妻，国乱就想得贤相'。如今要安排的宰相人选不是魏成子就是翟璜，这两个人怎么样？"

李克回答说："我听说，卑贱的人不替尊贵的人谋划，疏远的人不替亲近的人谋划。我的职责在宫门以外，不敢承担这个使命。"

魏文侯说："先生对此事就不要推辞了。"

李克说:"这是您不注意考察的缘故。平时看他亲近哪些人,富有时看他结交哪些人,显贵时看他推举哪些人,不得志时看他不做哪些事,贫苦时看他不要哪些东西,有这五条就足能决定谁当宰相了,何需我李克来评判啊!"

魏文侯说:"先生回家吧,我的宰相人选已经决定了。"

李克快步走出去,到翟璜家中拜访。

翟璜说:"今天听说君主召见先生去选择宰相,结果是谁当宰相呢?"

李克说:"魏成子当宰相了。"

翟璜气得变了脸色说:"就凭所见所闻,我哪一点比魏成子差?西河的守将,是我推荐的。君主对内最忧虑的是邺郡,我推荐了西门豹。君主计划要讨伐中山国,我推荐了乐羊。攻占中山国以后,派不出合适的人去镇守,我推荐了先生。君主的儿子没有师傅,我推荐了屈侯鲋。我哪一点比魏成子差!"

李克说:"您向您的君主推荐我的目的,难道是为了结党营私来谋求做大官吗?君主询问宰相人选:'不是魏成子就是翟璜,这两个人怎么样?'我回答说:'这是您不注意考察的缘故。平时看他亲近哪些人,富有时看他结交哪些人,显贵时看他推举哪些人,不得志时看他不做哪些事,贫苦时看他不要哪些东西,有这五条就足能决定谁当宰相了,何需我李克来评判啊!'因此就知道魏成子要做宰相了。而且您如何能与魏成子相比呢?魏成子虽有千钟俸禄,但十分之九用在外边,只有十分之一用在家里，因此花费重金从东方聘来了卜子夏、田子方、段干木。这三个人，君主把他们都奉为老师。您所推荐的五个人，君主都任用他们为臣下。您怎么能跟魏成子相比呢？"

翟璜徘徊思索后对李克行了两个下拜礼说："我翟璜是个浅薄的人，说话很不得当，我愿终身做您的弟子。"

【简析】

魏文侯是战国初期颇有声望的国君。他礼敬贤人，以卜子夏、段干木、田子方为师，重用贤士，文臣有李悝、翟璜、西门豹等，武将有吴起、乐羊等。魏文侯支持李悝变法，使魏国成为战国初期最强的国家。

正因为魏国人才济济，堪称英明之君的魏文侯在选择丞相时也陷入了困境。魏文侯之明，在于他问对了人。李悝之智，则在于他选择了最恰当的回答方式：一方面谦逊地表达了自己不在其位不谋其政的态度，另一方面又含蓄地向魏文侯贡献了一个选择高级别管理者的标准。李悝点到即止，魏文侯一点就透，大臣的忠诚之心、国君的英明之气都跃然纸上，君臣之间的和谐关系令人赞叹。按照中国古代"有德者居高位""重德轻智""以德治国"的基本理念，李悝向魏文侯推荐的五个择人标准"居视其所亲，富视其所与，达视其所举，穷视其所不为，贫视其所不取"显然都指"做人"方面的品德修为，或者更准确地说是通过拟任用的人才做事的方式去洞察其做人的品德。因此当翟璜满腹怨气地质问李悝时，李悝仅仅以魏成子向国君推荐的三人"君皆师之"而翟璜向国君推荐的五人"君皆臣之"，就使翟璜心服口服。"君皆师之"是"德胜"，"君皆臣之"是"才胜"。俗话说，小胜靠智，大胜靠德。"大德之人"（大德不争）自然能识别、任用且团结好各种类型的"大才之人"（恃才易争），在人尽其才的基础上保障国家的稳定祥和。

量才授职，各当所任

贞观元年，太宗谓房玄龄等曰："致理之本，惟在于审①。量才授职，务省官员。故《书》称：'任官惟贤才。'又云：'官不必备，惟其人。'若得其善者，虽少亦足矣。其不善者，纵多亦奚为？古人亦以官不得其才，比于画地作饼，不可食也。《诗》曰：'谋夫孔多，是用不就。'又孔子曰：'官事不摄，焉得俭？'且'千羊之皮，不如一狐之腋。'此皆载在经典，不能具道。当须更并省官员，使得各当所任，则无为而理矣。卿宜详思此理，量定庶官员位。"玄龄等由是所置文武总六百四十员。

太宗从之，因谓玄龄曰："自此傥有乐工杂类，假使术逾侪辈②者，只可特赐钱帛以赏其能，必不可超授官爵，与夫朝贤君子比肩而立，同坐而食，遣诸衣冠以为耻累。"

《贞观政要·择官》

【注释】

①审：审慎。

②侪辈：一般人。

【译文】

贞观元年（627年），唐太宗对房玄龄等人说："治理国家的根本在于审慎。要根据一个人能力的大小授予官职，务必精简官员人数。所以《尚书》说：'只选取贤良和有才能的人做官。'同时《尚书》还说：'官员不在多，在于用人得当。'如果任用了好官，尽管人数不多也可以让天下得到治理。用了不好的官，人数再多又有什么用呢？古人说不根据才能选择官员，就像在地上画饼，那是不能充饥的。《诗经》有句话：'参谋的人如果多了，决策的时候反而不知所从。'孔子说：'不让能干的官员身兼数职，怎么谈得上节俭呢？'况且'一千只羊的皮也不如一只狐狸腋下的皮毛贵重'。这些至理名言都载入史册，数不胜数。现在应当审查并省减官吏，让他们都能够发挥各自的作用，这就是无为而治的道理啊。你们应该仔细考虑一下这个道理，确定官员的人数。"房玄龄等人于是拟定文武官员共六百四十人。

唐太宗同意了这个方案，并对房玄龄说："从今以后如果谁有音乐、杂艺等一技之长，即使技能超过一般人的，也只能赏赐给他们钱财丝帛，一定不可奖赏过度授予他们官职，让他们和朝廷的栋梁之材并肩而站、同桌而食，致使绅士、大夫感到耻辱。"

【简析】

本文主要阐述"致安之本，惟在得人"的关于选择官员的思想和具体办法。唐太宗认为,要根据一个人能力的大小授予官职,并精简官员人数。官员不在人数多,关键在于用人得当,把最适合的人安排到最适合的岗位上,所谓"千羊之皮,不如一狐之腋"。而且,官员人数众多,人多口杂,反而不利于决断,从而影响国家治理的效率。仅仅精简机构、因才授职还不够,必须对官员的人数进行严格的限制,如果每个官员都能各司其职,那么国家便可实现无为而治,这是一种高超的国家治理技术。

不过段末,论到对音乐、杂艺等艺人的"待遇"问题,唐太宗认为只可以赏赐钱财丝帛,不可以奖赏过度,也不可以让他们担任官职,认为他们和朝廷栋梁并肩而站、同桌而食是对士绅阶层的侮辱。现在看来,这样的观点失之偏颇。不过,现代社会对某些演艺人员的过度追捧,使得他们的社会地位和经济收入远超许多国家栋梁之材,这也同样值得警惕。

能用其善，能安其身

案诸为人用之物，须人用之，功力乃立。凿所以入木者，槌叩之也；锸①所以能撅地者，跖蹋之也。诸有锋刃之器，所以能断斩割削者，手能把持之也，力能推引之也。韩信去楚入汉，项羽不能安，高祖能持之也。能用其善，能安其身，则能量其力，能别其功矣。樊、郦②有攻城野战之功，高祖行封，先及萧何，则比萧何于猎人，同樊、郦于猎犬也。夫萧何安坐，樊、郦驰走，封不及驰走而先安坐者，萧何以知为力，而樊、郦以力为功也。萧何所以能使樊、郦者，以入秦收敛文书也。众将拾金，何独掇书，坐知秦之形势，是以能图其利害。众将驰走者，何驱之也。故叔孙通定仪，而高祖以尊；萧何造律，而汉室以宁。案仪律之功，重于野战；斩首之力，不及尊主。故夫垦草殖谷，农夫之力也；勇猛攻战，士卒之力也；构架斫削，工匠之力也；治书定簿，佐史之力也；论道议政，贤儒之力也。人生莫不有力，所以为力者，或尊或卑。孔子能举北门之关，不以力自章，知夫筋骨之力，不如仁义之力荣也。

《论衡·效力》

【注释】

①锸：古代一种插地起土的农具，类似今天的锹。

②樊、郦："樊"指樊哙，"郦"指郦商，均为刘邦的大将。

【译文】

那些凡是被人使用的东西，都需要有人用它，才能发挥功用。凿子之所以能凿进木头，是因为槌子敲打它；锸之所以能掘地，是因为脚掌踩踏它。凡有锋刃的器物，之所以能够断、斩、割、削东西，是因为用手拿着它们，并用力推拉的缘故。韩信之所以离开项羽而为刘邦效力，是因为项羽不重用他，刘邦则能了解并任用他。能发挥他的长处，稳固他的地位，就能衡量他的能力，辨识他的功绩。樊哙和郦商有攻打城池、野外作战的战功，汉高祖论功行赏，却优先考虑萧何，把萧何比作猎人，而把樊哙和郦商比作了猎犬。萧何安坐于营帐之中，樊哙和郦商驰骋疆场，封赏的时候之所以安坐营帐的先于驰骋疆场的，是因为萧何运用的是大智慧，樊哙和郦商不过以武力为功绩而已。萧何之所以能差遣樊哙和郦商，是因为他随高祖进入秦都咸阳时收集了公文档案和地图。当时众将领都拾取金银，唯独萧何收集文书，因此能够安坐营帐之中便能知晓秦军的形势，看清其间的利害。众将驰骋沙场，依靠的是萧何的指挥。所以，叔孙通制定了朝仪，汉高祖倍受尊崇；萧何制定了法律，汉朝得以安宁。我认为朝仪和法律的功用，比攻战更大；斩杀敌首的能力，比不上使君主受到尊崇的能力。因此，除草耕田种植五谷，是农夫的能力；勇敢而迅猛地攻打敌军，是士兵的能力；砍削木材建造房屋，是工匠的能力；处理公文形成文书，是佐史（地方长官的幕僚、下属）的能力；阐述治道议论国是，是大儒的能力。人生来都有一定的能力，只是用来发挥能力的工作，有尊有卑。孔子能举起北门的闸门，却不因为有力气而炫耀，是因为他知道身体的蛮力，不如仁义的力量荣耀光辉。

【简析】

要想做好某件大事，一般需要两个条件，一是有人用，二是会用人。王充的这篇文章所讨论的就是在"有人用"的前提下，"会用人"方为事情走向成功的关键。比如在"楚汉之争"的时候，韩信一开始是项羽的部下，但项羽对他不甚重视，只是任他为治粟都尉，做的是征集军粮这样的后勤工作，浪费了韩信的一身武艺与计谋。后来韩信投奔刘邦，刘邦则能慧眼识珠，任命他为大将军，从而建立了不朽功业。可见，"知人善任"能够最大限度地发挥人的智慧与才能。

值得注意的是，"知人善任"不仅是对某个人才能的客观认知，也是一种掌控全局、统筹规划的能力。在王充看来，萧何之所以被刘邦喻为"猎人"，就是因为他能自如地操控并指挥勇武的樊哙和郦商等将领。如果缺乏运筹帷幄的全局观和大视野，萧何就无法调理刘邦手下出身草莽的众将之间的关系，也不能根据他们的优点和缺点制定战略、委派任务。因此，"知人"才能"有人用"，"善任"方为"会用人"。而且，"善任"比"知人"显得更为重要。如果不"善任"，可用之人也许会像马谡那样，只能在诸葛亮的错爱之中丢掉性命了。

"知人善任"对于领导干部而言尤为重要，在日常工作中，要学会识别人才，分清贤者、能者与一般人。然后，还要根据不同的人才特点与职位要求，合理而巧妙地予以委任，才能更有效而和谐地开展工作。

循天顺人，而明赏罚

闻古之善用人者，必循天顺人而明赏罚。循天，则用力寡而功立；顺人，则刑罚省而令行；明赏罚，则伯夷、盗跖不乱。如此，则白黑分矣。治国之臣，效功于国以履位，见能于官以受职，尽力于权衡①以任事。人臣皆宜其能，胜其官，轻其任，而莫怀余力于心，莫负兼官之责于君。故内无伏怨之乱，外无马服之患②。明君使事不相干，故莫讼；使士不兼官，故技长；使人不同功，故莫争。争讼止，技长立，则强弱不觳③力，冰炭不合形，天下莫得相伤，治之至也。

释法术而心治，尧不能正一国；去规矩而妄意度，奚仲④不能成一轮；废尺寸而差⑤短长，王尔⑥不能半中。使中主守法术，拙匠守规矩尺寸，则万不失矣。君人者能去贤巧之所不能，守中拙之所万不失，则人力尽而功名立。

《韩非子·用人》

【注释】

①权衡：秤锤与秤杆，比喻法律。

②马服之患：代指因君主识人不明、用人不当而导致边境为敌国所破的忧患。

③觳（jué）：通"角"，较量。

④奚仲：夏禹时的车正官，造车的鼻祖。

⑤差（chāi）：选择。

⑥王尔：与鲁班齐名的巧匠。

【译文】

听说古代知人善用的君主，必定遵循天意、顺应人情而且赏罚分明。遵循天意，就能事半功倍地建功立业；顺应人情，就能使刑罚简省而法令又切实执行；赏罚分明，那么伯夷、盗跖等各类人才不会出现混乱。这样一来，是非善恶就能很好地得到区分。治理国家的各级官吏，报效国家有功劳才能无愧于他的职位，才智与官位相匹配才能担任其职，工作中竭尽全力依法办事才能处理好国事。各级官吏都在适宜的岗位上，胜任其职，轻松地完成工作，鞠躬尽瘁心无余力，对君主不负有兼任其他职务的责任。所以朝堂内不会有因为潜藏的怨恨而导致的犯上作乱，朝堂外没有因为君主识人不明、用人不当而导致为敌国所破的忧患。贤明的君主使各种事务互不干扰、职责分明，所以没有诉讼；使官吏不兼任其他职务，所以各人的一技之长得到发挥；使人不在同一事上立功，所以没有争斗。争斗和诉讼止息了，各人都有一技之长，这样就不会出现强弱互相角力、冰炭水火不容的事情，天下没有人互相伤害，这是最高的治理境界。

不用客观法则而只凭主观愿望来治理，就算像尧那样的圣人也不能治好一个国家；舍弃规矩而只凭主观意愿来揣测，就算像奚仲那样的车匠也不能做成一个车轮；废除尺寸而靠主观去区别长短，就算像王尔那样的巧匠也不能做对一半。中等才能的君主如果能守住法则，笨拙的工匠如果能守住规矩尺寸，也能确保万无一失。一国之君若能摈弃那些使贤人巧匠也不能成事的做法，守住中等才能的君主和笨拙的工匠那种万无一失的方法，那么就能人尽其才而功业自然也就建立起来了。

【简析】

韩非子是法家最著名的代表人物，他很想改变当时治国不务法制的情况，改变"养非所用、用非所养"（国家供养的人不是真正用得着的人，而国家急需用的人又不是这些平时供养的人）的现状。本文提出用人的总体原则为"循天顺人而明赏罚"，也就是说要遵循社会发展规律，顺应人心所向的形势，不以个人的主观臆断而以客观法则去做到各司其职、各尽其力、赏罚分明，反对将治国的原则建构在私人情感联系与道德智慧水平上。由此，韩非子主张"依法治国"，君主与各级官吏并不需要非常贤能，只要上上下下都老老实实地守住规矩尺寸，社会也能出现人尽其才、物尽其用的大治局面，最终实现"君无为，法无不为"的治国理想。反之，如果君主、各级官吏、老百姓都竞相使用自己所谓独到的智慧，去追求适合自己的高招，那么，老百姓互相争高低、争功劳，各级官吏互相牵制、干扰，而君主也往往会凌驾于法律与制度之上，大家都凭着主观愿望（人情关系、个人道德）而非客观法则来做人做事，整个社会就会陷入一团混乱的局面，适得其反。

人固难全，权用其长

宁戚欲干齐桓公，穷困无以自进，于是为商旅赁车以适齐，暮宿于郭门之外。桓公郊迎客，夜开门，辟赁车者，执火甚盛，从者甚众。宁戚饭牛于车下，望桓公而悲，击牛角，疾商歌。桓公闻之，抚其仆之手曰："异哉！此歌者非常人也。"命后车载之。桓公反至，从者以请。桓公曰："赐之衣冠，将见之。"宁戚见，说桓公以合境内。明日复见，说桓公以为天下。桓公大悦，将任之。群臣争之曰："客，卫人，去齐五百里，不远。不若使人问之，固贤人也，任之未晚也。"桓公曰："不然。问之，恐其有小恶，以其小恶，忘人之大美，此人主所以失天下之士也。且人固难全，权用其长者。"遂举，大用之，而授之以为卿。当此举也，桓公得之矣，所以霸也。

《新序·杂事五》

【译文】

宁戚想向齐桓公谋求官职，但因穷困潦倒而无人举荐，于是为商队驾货车到齐国，住宿在城门外。齐桓公到郊外迎接客人，夜里打开了城门，让路上的货车避开。当时火把很明亮，跟随的人很多。宁戚在车下喂牛，他看到齐桓公后悲从中来，就拍击着牛角，大声唱起歌来。齐桓公听到歌声后，拍着仆人的手说：

"真奇特！那个唱歌的不是个平常人。"就让手下请宁戚上了随从的车。齐桓公回城后，随从请示如何安置宁戚。齐桓公说："赐给他衣服帽子，我要接见他。"宁戚进见齐桓公，劝说齐桓公要使国内团结一致，第二天又进见，劝说齐桓公要经营天下。齐桓公很高兴，准备任用他。群臣劝谏他说："这位客人，是卫国人，卫国离齐国不远，您不如派人去询问一下，如果确实是贤德之人，再任用他也不晚。"齐桓公说："不能这样。去询问他的情况是担心他有小毛病，因为一个人的小毛病，忽略他的大优点，这是君主之所以失去天下贤士的原因。而且人本来难于十全十美，权衡之后用他的长处就可以了。"于是重用宁戚，授予他公卿高位。正因如此，齐桓公受益无穷，最终称霸于世。

【简析】

本文叙述的是"春秋五霸"之一的齐桓公如何选贤任能的故事。宁戚虽然身为穷困潦倒的一介布衣，但有着治国平天下的胸襟抱负与良谋奇策，齐桓公既能慧眼识珠，又能做到用人不疑，委任宁戚以高位，齐国也在宁戚的助推之下很快富裕强盛起来。

通过齐桓公对宁戚的任用，我们可以从中得出如下认识：首先，齐桓公有着求贤若渴的心态，在听到宁戚的歌声之后便能稍作留意；其次，齐桓公有着慧眼识珠的能力，能通过与宁戚的两次谈话看出宁戚的才能；再次，齐桓公有着不重出身、不论资历的气度，这样能够最大限度地挖掘并招揽人才；最后，齐桓公有着用人不疑、不拘小节的胸怀，不对甯戚的过往或缺点过于在意，而善于发挥其长处。由此可见，齐桓公之所以能够称霸一方、称雄一世，与其对人才的重视以及善任密切相关。

对于中国特色社会主义建设事业而言，选贤任能是极为基础性、根本性的工作，我们在选用人才的时候既要遵循基本准则和规范，也要根据用人对象的特点和个性合理地安排职位，容人之短、用人之长，求贤若渴、不拘一格。只有不断提高干部的水平，才能促进制度建设和国家发展，迎来中华民族的伟大复兴。

君道：君贤明是公正的典范

中国古代治道的最高境界是内圣外王之道。孔子说"政者，正也"，贤明之君以身作则、上行下效是"近者悦，远者来"王道政治的人事保障。王道政治对君王的德行与智慧提出了最高的要求，认为理想的一国之君应该大公无私，诚信正直，爱民如子，礼贤下士，将天下看成是主，将君王看作是客；君王一世经营都是为了天下人，不以自己一人的利益作为利益却让天下人得到他的利益，不以自己一人的祸患作为祸患却让天下人免受他的祸患；终日操劳只为天下兴利除害，绝不放任自己贪图享受，常存"先天下之忧而忧，后天下之乐而乐"的忧患意识、担当精神与献身情怀，成为士人以天下为己任的光辉榜样。

无党无偏，王道平平

皇极：皇建其有极。敛时五福①，用敷锡②厥庶民。惟时厥庶民于汝极，锡汝保极。凡厥庶民，无有淫朋，人无有比德，惟皇作极。凡厥庶民，有猷有为有守，汝则念之。不协于极，不罹于咎，皇则受之。而康而色，曰："予攸好德。"汝则锡之福，时人斯其惟皇之极。无虐茕独，而畏高明。人之有能有为，使羞其行，而邦其昌。凡厥正人，既富方谷。汝弗能使有好于而家，时人斯其辜。于其无好德，汝虽锡之福，其作汝用咎。无偏无陂，遵王之义；无有作好，遵王之道；无有作恶，遵王之路。无偏无党，王道荡荡；无党无偏，王道平平；无反无侧，王道正直。会其有极，归其有极。曰皇极之敷言，是彝是训，于帝其训。凡厥庶民，极之敷言，是训是行，以近天子之光。曰天子作民父母，以为天下王。

《尚书·周书·洪范》

【注释】

①五福：寿、富、康宁、攸好德、考终命。
②敷锡：一并赏赐。

【译文】

最高法则：君主应当建立最高法则。把五福集中起来，一并赏赐给臣民。这样，臣民就会拥护最高法则，君主也能够要求臣民遵守最高法则。凡是臣民，不允许结成私党，也不许狼狈为奸，只把君王建立的准则看作最高法则。凡是有计谋、有作为、有操守的臣民，您要惦记他们。行为不合法则，但是没有构成犯罪的人，君主就应宽恕他们。如果有人和颜悦色对您说："我所爱好的就是美德。"您要赐给他们一些好处。这样，人们就会拥护最高法则。不要虐待那些无依无靠的人，也不要畏惧权贵。对有能力有作为的人，要让他们有贡献才能的机会，这样国家就会繁荣昌盛。凡是常有丰厚待遇的官员，如果您不能让他们对国家作出贡献，那么臣民就会怪罪您了。对于那些德行不好的人，您虽然赐给了他们好处，他们也会给您带来灾祸。不要有任何偏颇，要遵守王法；不要有任何私好，要遵守王道；不要为非作歹，要遵行正路。不要偏私，不结朋党，王道宽广；不结朋党，不要偏私，王道平坦；不违反王道，不偏离法度，王道正直。团结坚持最高法则的人，臣民就将归向最高法则。所以说，对以上陈述的最高法则，要陈列人前作为训导，这就是顺从上天的旨意。凡是把天子宣布的法则当作最高法则的臣民，只要遵照执行，就会接近天子的光辉。就是说，天子只有像臣民的父母一般关心臣民，才会成为天下的君王。

【简析】

《尚书》为儒家"六经"之一，是一部记言体史书，记录了远古尧、舜、禹至周这段历史时期天文、地理、政治、文化、军事、法律等各方面内容，是中国最早的历史文献。《尚书·洪范》陈述了以王权和神权为核心的中央集权理论,在行政准则、行政方式和决策方式等方面,对后世政治都有深远影响。

《洪范》中的"皇极",其实有两层含义:一是在"修己"层面,是说君王正身立己应该有一个最高的标准,唯其如此,才可以统摄天下臣民,使天下人效法;二是在"治国"层面,是说天子应当以不偏不倚的标准建立统治,进而以之平治天下。本文就此而展开的论述包含六个思想要点:第一,天子自己应当建立应有的准则,强调王治的应然法则和君主的权威性;第二,要考察臣民的言论,如果他们爱好美德、重视道德修养,君王就有责任赐以"五福";第三,百官应当以"王"为标准,不应该结党营私,在执政过程中,既要酌情裁量,也要宽严适当;第四,对于高官厚禄之人,如果不能尽心尽责,君王应该严惩不贷;第五,宣扬王道的崇高和优越,认为"皇极"是世间至高无上的准则,同时也认为代表这一准则的"王"的地位不容他人僭越、侵犯;第六,臣民有责任遵从"皇极",以趋近天子的恩泽,相应地,天子也有义务为人民尽心尽力服务,养育保护百姓,"作民父母,以为天下王"。

《洪范》"作民父母"与《康诰》"若保赤子"同义,都属于古代中国民本政治的重要命题,它们后来得到儒家的继承和发展,比如在《孟子》和《大学》中这些观点都有直接而深入的反映。由此,"作民父母"的观念成为此后中国人对君王政治角色的基本要求之一,其中核心的政治观念"有德者居高位"——圣王在自身修养上应该成为天下人模范的基本观念即由此而出。

爱民而安，好士而荣

君者，民之原也，原清则流清，原浊则流浊。故有社稷者而不能爱民、不能利民，而求民之亲爱己，不可得也。民不亲不爱，而求其为己用、为己死，不可得也。民不为己用、不为己死，而求兵之劲、城之固，不可得也。兵不劲、城不固，而求敌之不至，不可得也。敌至而求无危削、不灭亡，不可得也。危削、灭亡之情举积此矣，而求安乐，是狂生者也。狂生者，不胥时而落。故人主欲强固安乐，则莫若反之民；欲附下一民，则莫若反之政；欲修政美国，则莫若求其人。彼或蓄积而得之者不世绝，彼其人者，生乎今之世而志乎古之道。以天下之王公莫好之也，然而于是独好之；以天下之民莫欲之也，然而于是独为之；好之者贫，为之者穷，然而于是独犹将为之也，不为少顷辍焉。晓然独明于先王之所以得之，所以失之，知国之安危、臧否若别白黑。是其人者也，大用之，则天下为一，诸侯为臣；小用之，则威行邻敌；纵不能用，使无去其疆域，则国终身无故。故君人者爱民而安，好士而荣，两者无一焉而亡。《诗》曰："价人维藩，大师维垣。"此之谓也。

《荀子·君道》

【译文】

君主,就像人民的源头,源头清澈支流也清澈,源头混浊支流也混浊。所以掌握了国家政权的人如果不能够爱护人民、不为人民谋福利,而要求人民亲近爱戴自己,那是不可能的。人民不亲近不爱戴,而要求人民为自己所用、为自己牺牲,那也是不可能的。人民不为自己所用、不为自己牺牲,而要求兵力强大、城防坚固,那是不可能的。兵力不强大、城防不坚固,而要求敌人不来侵犯,那是不可能的。敌人来了而要求自己的国家没有危险、不灭亡,那是不可能的。国家走向危险、濒临灭亡的情况全都积聚在这里了,却还想求得安逸快乐的,是狂妄无知的人。狂妄无知的人,不用等多久就会衰败死亡的。所以君主想要强大稳固、安逸快乐,那就不如回到爱民利民上来;想要使臣下归附、使民众与自己一条心,那就不如回到善修国政上来;想要治理好政事、使民风淳朴,那就不如寻觅善于治国的人。世上那些善于治国的人或许也在不断累积增多,因而得到这种人的君主世世代代没断绝过。那些善于治国的人,生在今天的时代而向往着古代的治国之道。虽然天下的君主没有谁爱好古代的治国之道,但是这种人偏偏爱好它;虽然天下的民众没有谁想要遵循古代的治国之道,但是这种人偏偏遵循它。爱好古代治国之道的会变得贫穷,遵循古代治国之道的会陷入困境,但是这种人还是要遵循它,并不因此而停止片刻。唯独这种人清楚地了解古代帝王取得国家政权的原因,以及失去国家政权的原因,他了解国家的安危、政治的好坏就像分辨黑白一样清楚。这样的人，如果被重用，那么天下就会统一，诸侯就会来称臣；如果只是小用，其威望也能震慑邻邦敌国；即使君主不能任用他，但能使他不离开国土，那么国家在他活着的时候也就不会有什么大事故。所以君主爱护人民国家就会安宁，喜欢士人国家就会繁荣，这两者一样都没有就会灭亡。《诗经》中说："贤士就是国家的屏障，人民就是国家的围墙。"说的就是这个道理。

【简析】

《荀子·君道》主要论述了君主治国应遵循的政治原则，强调君主在国家政权中具有独一无二的重大作用，直接决定了一个国家的兴亡。因此，君主必须加强自身修养，以礼约束自己，要"隆礼重法"，以礼法治国。君主的职责是处理大事，因此要尚贤任能，按照"其取人有道，其用人有法""论德而定次，量能而授官"的用人原则，培养大批人才。本文在内容上强调的是君主应该爱护人民、崇尚贤士，才能使国家繁荣安定、兵力强盛、政治美好、民风淳朴。

从形式上来说，本文非常典型地体现了《荀子》全书的文字风格。《荀子》一书，论及国君的治国之道、用人之道与自处之道时，基本使用了"多选一"即逻辑递推的游说方式，常常使用逻辑简单、气势强硬的排比句式来递推论述而痛陈是非，总是围绕一个主题将几种情况对比分析，环环相扣、层层推进，最终托举出一个最为明显的答案,犹如最为闪亮的宝贝一样呈现在国君面前,如同最为熟透的果实一样供其俯首采摘。虽然在战国中期,逻辑递推的游说方式孟子已多有所用,但不如他强烈的正反对比方式特色鲜明。战国末期的荀子则刚好相反,强烈的正反对比方式虽然他也多有所用,但不如他层层推进的逻辑递推方式特色鲜明。原因可能是在孟子那个时代,治国用人之道、邪说异行都还不太多,"二选一"即可。至荀子之时,奸雄、异说都蜂拥而起,游说者势必要让君主"多选一",力图以巨大的对比来震醒人、说服人。这是因为荀子比孟子面对的批判对象更多,因而他对时世的焦虑也更多更细。从这个角度来看,便比较好理解为什么荀子与孔孟相比,基本不太关注纯粹个人德行的修养,他论德、论智也大多出于治国的现实需要。荀子的思想走向彻底的经验主义与实用主义、工具理性,与其将其视为战国时代功利主义精神的理论反映,还不如视为在残酷现实逼迫下,思想家必须寻求有效出路的时代担当。

智用私，不若愚用公

天下，非一人之天下也，天下之天下也。阴阳之和，不长一类；甘露时雨，不私一物；万民之主，不阿一人。

…………

管仲有病，桓公往问之，曰："仲父之病矣。渍甚①，国人弗讳，寡人将谁属国？"管仲对曰："昔者臣尽力竭智，犹未足以知之也；今病在于朝夕之中，臣奚能言？"桓公曰："此大事也，愿仲父之教寡人也。"管仲敬诺，曰："公谁欲相？"公曰："鲍叔牙可乎？"管仲对曰："不可。夷吾善鲍叔牙。鲍叔牙之为人也，清廉洁直；视不己若者，不比于人；一闻人之过，终身不忘。勿已，则隰朋②其可乎？隰朋之为人也，上志而下求，丑不若黄帝，而哀不己若者。其于国也，有不闻也；其于物也，有不知也；其于人也，有不见也。勿已乎，则隰朋可也。"

夫相，大官也。处大官者，不欲小察，不欲小智，故曰：大匠不斫，大庖不豆③，大勇不斗，大兵不寇。

桓公行公去私恶，用管子而为五伯长；行私阿所爱，用竖刀④而虫出于户。

人之少也愚，其长也智。故智而用私，不若愚而用公。日醉而饰服，私利而立公，贪戾而求王，舜弗能为。

《吕氏春秋·孟春纪·贵公》

【注释】

①渍甚:病情很重。

②隰(xí)朋:齐国贤大夫,尤善外交。管仲去世后不久,隰朋也去世了。

③豆:盛食物的器皿。

④竖刁:也称竖刃,齐国奸臣。齐桓公病危时,竖刁作乱,不给齐桓公饭菜,使齐桓公被活活饿死。

【译文】

天下,不是某一个人的天下,而是天下人的天下。阴阳和合,不会只生长一种物类;甘露时雨,不会只偏私一物;万民之主,不能只偏向一人。

··········

管仲患病,齐桓公去探问他,说:"您的病相当重了。如果病情危急,不幸与世长辞,我将把国家托付给谁呢?"管仲回答说:"过去我尽心竭力,尚且不足以了解这样的人才;如今病得危在旦夕,又怎么能谈论这件事呢?"齐桓公说:"这是大事啊,希望您能教导我。"管仲恭敬地答应了,说:"您想用谁为相?"齐桓公说:"鲍叔牙行吗?"管仲回答说:"不行。我与鲍叔牙很要好。鲍叔牙的为人,清白廉正;对于不如自己的人,不屑与之为伍;一旦听到别人的过失,便终生不忘。实在不得已的话,隰朋大概还行吧?隰朋的为人,既能立志效仿古代贤人又能不耻下问,自愧其德不如黄帝,又怜惜不如自己的人。他对于国政,不该管的就不去打听;他对于事务,不需要了解的就不去过问;他对于别人,无关大原则的就装作没看见。实在不得已的话,那么隰朋还行。"

国相,是一种很高的职位。居于高位的人,不应该在小的地方花费精力,不应该玩弄小聪明,所以说,手艺高超的木匠不亲自动手砍削,高明的厨师不亲自排列盛食物的器皿,大勇之人不亲自格斗厮杀,正义之师不会去侵害掠夺。

齐桓公行公正之道而抛却个人恩怨,起用管仲而成为五霸之首;行偏私之道而庇护私下宠爱的人,任用竖刀而致使自己死后国家大乱,无人殓尸,尸虫爬出门外。

人年轻的时候愚昧,岁数大了也会变聪明。如果聪明而用私情,倒不如愚昧而行公正。整日酗酒却要外表看起来庄重,自私自利却要树立公正形象,贪婪残暴却要称王于天下,即使圣明如大舜也办不到。

【简析】

本文主要关注公正问题。《吕氏春秋》中,作者在本文之前主要论证了"去私贵公"的两层境界,一是"人类大同"的治世境界,二是"万物齐同"的天地境界。本文则直接托出天地成就万物而不占为己有的"无私"现象,从宏观层面论述后,引用齐桓公选择国相、管仲推荐人选的真实历史,从微观层面论述"贵公"的道理。管仲没有推荐鲍叔牙,一方面是因为鲍叔牙的性情难以达到善与人同的"贵公"境界,另一方面也显示了管仲并不偏私与自己私交极好之人。在管仲看来,隰朋之所以比鲍叔牙更适合做国相,根本原因是隰朋比鲍叔牙更有气量与公心。接下来,本文又以大匠、大庖、大勇、大兵四类人来类比"大官",对选相的标准做了正面论述,且以齐桓公不听管仲之言而导致身死国乱之事来警诫世人。最后明确指出"智而用私,不若愚而用公",以及"私利而立公,贪戾而求王"乃是绝无可能的事情。犹如当头棒喝,振聋发聩。

效法天地，勤勉无私

子夏曰："三王①之德，参于天地，敢问何如斯可谓参于天地矣？"

孔子曰："奉'三无私'以劳②天下。"

子夏曰："敢问何谓'三无私'？"

孔子曰："天无私覆，地无私载，日月无私照，奉斯三者以劳天下，此之谓'三无私'。其在《诗》曰：'帝命不违，至于汤齐。汤降不迟，圣敬日齐。昭假迟迟，上帝是祇，帝命式于九围。'是汤之德也。天有四时，春秋冬夏，风雨霜露，无非教也。地载神气，神气风霆，风霆流形，庶物露生，无非教也。清明在躬，气志如神。耆欲将至，有开必先。天降时雨，山川出云。其在《诗》曰：'嵩高维岳，峻极于天。维岳降神，生甫及申。维申及甫，维周之翰。四国于蕃，四方于宣。'此文武之德也。三代之王也，必先其令闻。《诗》云'明明天子，令闻不已'，三代之德也；'弛其文德，协此四国'，大王之德也。"

子夏蹶然而起，负墙而立，曰："弟子敢不承乎！"

《礼记·孔子闲居》

【注释】

①三王：夏禹、商汤、周文王。

②劳：抚慰，教化。

【译文】

子夏说:"夏禹、商汤、周文王的德行,与天地并列而为三。请问怎样做才可以称作与天地并列而为三呢?"

孔子说:"遵奉'三无私'的精神,以抚慰天下百姓。"

子夏说:"什么叫作'三无私'?"

孔子说:"就是像天那样无私地覆盖万物,像地那样无私地承载万物,像日月那样无私地照耀万物。按照这三种精神来抚慰天下百姓,就叫作'三无私'。这在《诗经》里也有所反映:'奉行天命不敢违,直至商汤登君位。汤的降生适时不迟,聪明谨慎德行日增。明德长久照下民,恭恭敬敬事上帝,上帝命汤治理九州。'这就是商汤的德行。天有四季,春生夏长秋收冬藏,既有刮风下雨,也有下露降霜,这些都是上天对世人的教化。地承载着神妙之气,风雷鼓荡,万物萌芽生长,这些都是大地对世人的教化。圣人自身的德行极其清明,他的气志微妙如神,在他行将称王天下的时候,神灵有所预知,一定会赐予他贤能的辅佐之臣。就好像天降及时之雨,又好像山川飘出祥云。有《诗经》为证:'五岳居中是嵩山,巍巍高耸入云天。五岳高山降神灵,生下甫侯和申伯。只有甫侯和申伯,才是周朝之栋梁。诸侯靠它作屏障,宣扬盛德遍四方。'这就是周文王、周武王的德行。夏、商、周三代圣王,在他们称王之前就已经有了美好的名声。《诗经》上说'勤勉不倦的天子,美好名声千古传',这就是三代圣王的德行。'施行其文德,团结四方各国',这就是周太王的德行。"

子夏听到这里,迅速起身,靠墙肃立,说:"弟子怎么敢不接受老师的这番教诲呢!"

【简析】

《孔子闲居》是《礼记》中非常重要的一篇,全文主要围绕孔子与子夏的对话而展开,分别讨论了"民之父母""五至""三无""五起""参于天地""三无私"等议题。本文即为孔子与子夏探讨"三无私"的对话。在对话中,孔子提出了"天无私覆,地无私载,日月无私照"的"三无私"原则,并通过引用《诗经》之辞详细论述了商汤、周文王和周武王及周太王之德。

把道德因素纳入政治评价体系是中华文明政治理性萌芽的标志,在《尚书·洪范》中已见端倪,而以孔子为代表的儒家则将这种政治理性传统大加发扬,提出"为政以德"等政治理念。本文正是孔子对"为政以德"这种政治理念的阐释。孔子说,"三代之王也,必先令闻","令闻",即指美好的声誉。按照本文的逻辑,"令闻"必然来自"令德",所以孔子会对"明明天子,令闻不已"的三代之德和"弛其文德,协此四国"的周太王之德大加称赞。

在推进社会主义文化强国建设的今天,这种早期道德理想主义在政治领域投射而产生的政治理性萌芽正是我们应关注的内容。党中央一再告诫广大党员群众要"不忘初心、牢记使命",也正是这种政治理性在社会主义中国的现代化表述,是我们增强化文化自信的重要源泉与动力。

君国子民，反求之己

纣作梏①数千，睨②诸侯之不谄己者，杖而梏之，文王桎梏囚于羑里，七年而后得免。及武王克殷，既定，令殷之民投撤桎梏而流之于河。民输梏者，以手撤之，弗敢坠也；跪之入水，弗敢投也。曰："昔者文王狱常拥此。"故爱思文王，犹敬其梏，况于其法教乎！

《诗》曰："济济多士，文王以宁。"言辅翼贤正，则身必安也。又曰："弗识弗知，顺帝之则。"言士民说其德义，则效而象之也。文王志之所在，意之所欲，百姓不爱其死，不惮其劳，从之如集。《诗》曰："经始灵台"，"庶民攻之，不日成之。经始勿亟，庶民子来"。文王有志为台，令近境之民闻之者裹粮而至，问业而作之，日日以众。故弗趋而疾，弗期而成。命其台曰灵台，命其囿曰灵囿，谓其沼曰灵沼，爱敬之至也。《诗》曰："王在灵囿，麀鹿③攸伏。麀鹿濯濯④，白鸟皜皜⑤。王在灵沼，于牣⑥鱼跃。"文王之泽下被禽兽，洽于鱼鳖，故禽兽鱼鳖攸若攸乐，而况士民乎！

《诗》曰："恺悌君子，民之父母。"言圣王之德也。《易》曰："鸣鹤在阴，其子和之。"言士民之报也。《书》曰："大道亶亶⑦，其去身不远，人皆有之，舜独以之。"夫射而不中者，不求之鹄⑧，而反修之于己。君国子民者，反求之己，而君道备矣。

《新书·君道》

【注释】

①梏：木制手铐。

②睨：斜着眼睛看。

③麀（yōu）鹿：母鹿。

④濯濯：欢快游玩的样子。

⑤皜皜：肥壮润泽的样子。

⑥牣：充满。

⑦亶（tǎn）亶：平坦的样子。

⑧鹄（gǔ）：靶心。

【译文】

商纣王制作了几千个手铐，看见诸侯有不讨好自己的，用棍棒拷打后戴上手铐囚禁起来，周文王戴着脚镣手铐被囚禁在羑里，七年以后才得到释放。等到周武王消灭了商朝，安定天下之后，命令商朝的百姓拆掉脚镣手铐投到河里。那些运送脚镣手铐的人，用手拆除，不敢让它掉在地上；跪着放入水中，不敢投掷。说："从前周文王在狱中常常戴着它。"因敬爱思念周文王，还敬重他戴过的镣铐，何况对他的法令和教诲呢！

《诗经》里说："威仪很盛的众多贤士，周文王依靠他们得到安宁。"说的是身边的辅佐贤明正直，自己就必能得到安宁。又说："没有见识没有认知，遵循天帝的法则行事。"说的是士人和民众喜爱周文王的道德仁义，就仿效他的行事方式去做。周文王心里想做的、想要的，老百姓不惜自己的生命，不害怕劳苦，跟着去做，如同赶集一样。《诗经》里说："开始规划建造灵台，百姓都来建造灵台，没有几天就建造成功。开始规划并不急切，百姓主动全部到来"。周文王打算建造灵台，附近的老百姓听说了都带着干粮来到工地，主动请求任务干起来，人一天天越来越多。所以没有催促进度仍然进展很快，没有规定工期却能很快建成，将高台命名为灵台，将园林命名为灵囿，将池塘命名为灵沼，说明人民敬爱周文王到了极致。《诗经》里说："周文王在园林，母鹿悠闲地伏在那儿。母鹿快乐地游玩，白鸟肥壮又润泽。周文王在沼泽，到处是鱼在欢跃。"周文王的恩德向下施加到了禽兽，恩泽到了鱼鳖，所以连禽兽鱼鳖都和顺快乐，何况士人和民众呢！

《诗经》里说："品德丰厚的君子，是民众的父母。"说的是圣王的德行。《周易》里说："鹤在暗处鸣叫，小鹤与之相和。"说的是士民对君主的报答。《尚书》里说："大道并非常平坦，离自身不远，每人都能拥有，只有舜能掌握大道有所作为。"射箭射不中靶心的，不能去责怪靶心，而是应该反过来检查自身的行为。统治国家养育人民的，如果能反过来检查自身，为君之道就具备了。

【简析】

贾谊这篇简短的《君道》，表面上看主要引用了《诗经》《尚书》中的观点阐述为君之道、治国之道，实际上主要秉承的是孟子的精神与思想。《孟子·梁惠王上》开篇的第二章就记载了孟子进见梁惠王的故事。梁惠王站在池塘旁边，一面顾盼着鸟兽，一面说道："有道德的人也乐于享受这种快乐吗？"孟子答道："只有有道德的人才能够享受这种快乐，没有道德的人纵使有这种快乐也是无法享受的。"接着孟子举出周文王和夏桀的史事来予以说明，引用了《尚书·汤誓》中所记载的老百姓的怨歌，夏桀将自己比作太阳，百姓们却恨之入骨地说："太阳呀！你什么时候灭亡呢？我们宁肯跟你一道死去！"与孟子不同的是，贾谊将反面人物由夏桀换成了商纣，但表达的精神是完全一致的。贾谊认为：只有心系百姓、与民同乐的贤德之君才能得到百姓发自内心的拥护，才能得到真正的快乐，并且永垂不朽，世代受人歌颂。而以刑法钳制百姓、威慑世人的霸主，即便拥有再好的高台深池、奇禽异兽，也不能独自享受快乐，最终还必定会为百姓所推翻并遗臭万年。

信行天下，不欲以诈

贞观初，有上书请去佞臣者。太宗谓曰："朕之所任，皆以为贤，卿知佞者谁耶？"

对曰："臣居草泽，不的知佞者，请陛下佯怒以试群臣，若能不畏雷霆，直言进谏，则是正人，顺情阿旨，则是佞人。"

太宗谓封德彝曰："流水清浊，在其源也。君者政源，人庶犹水，君自为诈，欲臣下行直，是犹源浊而望水清，理不可得。朕常以魏武帝多诡诈，深鄙其为人，如此，岂可堪为教令？"

谓上书人曰："朕欲使大信行于天下，不欲以诈道训俗，卿言虽善，朕所不取也。"

《贞观政要·诚信》

【译文】

贞观初年，有人上书建议清除奸邪谄媚之臣。唐太宗说："凡是我任用的人，我都认为他是贤臣，你知道谁是奸邪谄媚之臣吗？"

那人回答："我不过是一介草民，无从确切知道谁是奸邪谄媚之臣，请陛下假装发怒来试一试身边的大臣们，如果谁不惧雷霆之怒，直言进谏，那就是正直的人，如果谁一味依顺迎合皇上的意见，那就是奸邪谄媚的人。"

唐太宗对封德彝说："流水的清浊，关键在于源头。君主是施政的源头，臣民就好比流水，如果君主自己先以诈术骗人，却要臣下行为正直，就好像是水源混浊而希望流水清澈，这根本办不到。我常常认为魏武帝曹操为人诡诈，所以很鄙视他，现在如果让我也这么做，还怎么去制定法令呢？"

于是，唐太宗对上书的人说："我要使诚信行于天下，不想用欺诈的行为损坏社会风气，你的意见虽然很好，但我不能采纳。"

【简析】

在本文中，唐太宗不肯用假装愤怒这种欺骗的方式去检测臣子是否阿谀逢迎，并认为正直诚信才是良好政治的最佳保障。其"君者政源""大信行于天下"的思想点明了统治者必须通过身正为范的方式取信于臣子与人民。在讲求德治的政治传统之中，皇帝的所作所为直接影响他的施政效果以及臣民的行为方式。君臣之间如果互相猜忌，就难以齐心协力处理国家大事；君民之间如果不能坦诚相待，国家也难以臻于郅治。唐太宗在位期间，一直待人以诚、用人不疑，从而能够让臣子佩服并尽心尽力，这是唐太宗能够成就"贞观之治"的重要原因。在当今社会，我们的领导干部也应该做到说真话、做实事，做到待人以诚、处事以诚，这样才会得到人民的服膺与称赞。

居安思危，有备无患

郑人赂晋侯以师悝、师触、师蠲①，广车、軘车②淳③十五乘，甲兵备，凡兵车百乘，歌钟二肆，及其镈④、磬，女乐二八。

晋侯以乐之半赐魏绛，曰："子教寡人和诸戎狄以正诸华。八年之中，九合诸侯，如乐之和，无所不谐。请与子乐之。"辞曰："夫和戎狄，国之福也；八年之中，九合诸侯，诸侯无慝⑤，君之灵也，二三子之劳也，臣何力之有焉？抑臣愿君安其乐而思其终也！《诗》曰：'乐只君子，殿天子之邦。乐只君子，福禄攸同。便蕃左右，亦是帅从。'夫乐以安德，义以处之，礼以行之，信以守之，仁以厉之，而后可以殿邦国、同福禄、来远人，所谓乐也。《书》曰：'居安思危。'思则有备，有备无患，敢以此规。"公曰："子之教，敢不承命。抑微子，寡人无以待戎，不能济河。夫赏，国之典也，藏在盟府，不可废也。子其受之！"魏绛于是乎始有金石之乐，礼也。

《左传·襄公十一年》

【注释】

①蠲（juān）：乐师的名字。
②广车、軘（tún）车：均为战车，前主进攻，后主屯守。

③淳：成对。这里指广车、轸车互相配对，各十五乘。
④镈（bó）：古代的一种乐器。
⑤慝（tè）：奸邪、邪恶。

【译文】

郑国人赠送给晋悼公师悝、师触、师蠲三位乐师，广车、轸车各十五乘，盔甲武器齐备，与其他战车合计共一百乘，歌钟两架，以及与之相配的镈和磬，女乐十六人。

晋悼公将一半乐器赐给魏绛，说："您教我与戎狄部落和谐相处以整顿中原各国。八年之内，九次会合诸侯，如乐曲般和谐，没有什么不协调。请您一起享乐。"魏绛辞谢说："同戎狄讲和，这是国家的福气；八年中，九合诸侯，诸侯顺从，这是由于君王的智慧，以及其他人的功劳，我哪里出了什么力呢？我希望君王既安于这种快乐，而又考虑如何才能善始善终。《诗经》说：'快乐啊君子，镇抚天子的家邦。快乐啊君子，他的福禄和别人同享。治理好附近的小国，使他们一个接一个地服从。'用音乐来巩固德行，用道义对待它，用礼仪推行它，用信用守护它，用仁爱劝勉它，然后便能安定邦国、同享福禄、招徕远人，这就是所谓的快乐。《尚书》说：'处于安定要想到危险。'想到了就有防备，有了防备就没有祸患，谨以此向君王规劝。"晋悼公说："您的教导，我岂敢不从。如果没有您，我不知如何对待戎人，不能渡过黄河。但是赏赐有功之臣是国家的典章制度，这些封赏功勋的文书都要收藏于盟府流传后世，不能废除。您还是接受吧！"魏绛作为大夫，从这时开始才有了诸侯级别的金石音乐，这是合于礼的。

【简析】

在本文中，晋悼公想要赏赐功臣魏绛一套乐器，魏绛则谦辞不受，并建言晋悼公"安其乐而思其终"，即只有居安思危才能有备无患，体现出中国古代优秀政治家的深谋远虑。魏绛认为，国君最大的快乐在于"殿邦国、同福禄、来远人"，即政治稳定、经济发展、远人来服。而欲实现这一点，则须"乐以安德，义以处之，礼以行之，信以守之，仁以厉之"，也即"以德治国""以身作则"，方得与民同乐。然而，在繁荣昌盛的局面之中，国君却不能无忧无虑、不思进取，否则就会因贪图享乐而徒生祸患。因此，魏绛又进而以"安乐思终""居安思危"的道理告诫国君必须具有忧患意识，才能在戒备谨慎之中不断进取、常享安乐。

今天，我们已在政治、经济、文化等方面取得了巨大成就，面对这种良好的形势，我们的领导干部同样不能洋洋自得，而是必须具备忧患意识，即居安思危的责任意识与担当精神。唯有如此，中华民族的伟大复兴才能在朝夕惕厉中稳步实现。

忧劳兴国,逸豫亡身

呜呼,盛衰之理,虽曰天命,岂非人事哉!原①庄宗之所以得天下,与其所以失之者,可以知之矣。世言晋王②之将终也,以三矢赐庄宗而告之曰:"梁,吾仇也;燕王③吾所立,契丹与吾约为兄弟,而皆背晋以归梁。此三者,吾遗恨也。与尔三矢,尔其无忘乃父之志!"庄宗受而藏之于庙④。其后用兵,则遣从事以一少牢⑤告庙,请其矢,盛以锦囊,负而前驱,及凯旋而纳之。方其系燕父子以组,函梁君臣之首,入于太庙,还矢先王而告以成功,其意气之盛,可谓壮哉!及仇雠已灭,天下已定,一夫⑥夜呼,乱者四应,苍皇东出,未及见贼而士卒离散,君臣相顾,不知所归,至于誓天断发⑦,泣下沾襟,何其衰也!岂得之难而失之易欤?抑本其成败之迹而皆自于人欤?《书》曰:"满招损,谦得益。"忧劳可以兴国,逸豫可以亡身,自然之理也。故方其盛也,举天下之豪杰莫能与之争;及其衰也,数十伶人困之,而身死国灭,为天下笑。夫祸患常积于忽微,而智勇多困于所溺,岂独伶人⑧也哉!作《伶官传》。

《新五代史·伶官传序》

【注释】

①原:推究,考查。

②晋王：李克用，后唐庄宗李存勖之父。

③燕王：刘仁恭。

④庙：祭祀祖先的宗庙。

⑤少牢：用猪和羊祭祀。

⑥一夫：指后唐庄宗同光四年（926年）发动贝州兵变的军士皇甫晖。

⑦誓天断发：割断头发，向天发誓。

⑧伶（líng）人：宫廷中的乐官和有官职的演戏艺人。

【译文】

唉，国家兴盛与衰亡的命运，虽然说是天命，难道不是由于人事吗？推究后唐庄宗得天下和失天下的原因，就可以知道了。世人说晋王将死的时候，拿三支箭赐给庄宗，告诉他说："梁国，是我的仇敌；燕王，是我扶持建立起来的，契丹与我订立盟约结为兄弟，他们却都背叛晋而归顺梁。这三件事，是我遗留的仇恨。给你三支箭，你一定不要忘记你父亲的愿望。"庄宗接了箭，把它收藏在祖庙里。此后每次出兵，就派随从官员用猪、羊各一头祭告祖庙，取出那三支箭，用锦囊盛着，背着它走在前面，等到凯旋时再把箭藏入祖庙。当庄宗用绳子捆绑着燕王父子，用木匣装着梁国君臣的首级，进入太庙，把箭还给先王，向先王禀告成功的时候，他意气强盛，多么雄壮啊！等到仇敌已经消灭，天下已经平定，一个人在夜间呼喊，作乱的人便四方响应，庄宗匆忙向东出逃，还没有看到叛军，士卒就离散了，君臣相对而视，不知回到哪里去，以至于对天发誓，割下头发，大家的泪水沾湿了衣襟，又是多么衰颓啊！难道是得天下艰难而失天下容易吗？还是说推究庄宗成功与失败的事迹，都是由于人事的缘故呢？《尚书》中说："自满招来损害，谦虚得到好处。"忧虑辛劳可以使国家兴盛，安闲享乐可以使自身灭亡，这是自然的道理。因此，当庄宗强盛的时候，普天下的豪杰都不能跟他抗争；等到他衰败的时候，几十个伶人围困他，他便因此丧命，国家灭亡，被天下人讥笑。祸患常常是从细微的事情积累起来的，人的才智勇气往往被他沉迷的事物所困陷，哪里仅仅只是伶人会招致祸患呢！所以我编写《伶官传》供后人借鉴。

【简析】

　　欧阳修作《新五代史》，发论必以"呜呼"开腔，这篇《伶官传序》也不例外。"呜呼，盛衰之理，虽曰天命，岂非人事哉！"文章起头就讲大道理，本来容易令人反感，但作者巧妙地以"呜呼……哉"的句式首尾呼应，营造了极其浓烈的抒情气氛。"盛衰"二字是全篇眼目，"虽曰天命"一纵，"岂非人事"一擒，可见"天命"是宾，"人事"是主。治国者忽略"人事"而将国家盛衰推诿于"天命"，正是作者所痛心疾首的。后唐庄宗李存勖宠幸伶官景进、史彦琼、郭从谦等，最终导致乱政败国，就是一个典型而深刻的历史教训。作者通过李存勖得天下与失天下的事实，阐明了"满招损，谦受益""忧劳可以兴国，逸豫可以亡身"的自然之理，可谓语重心长，忧国情深。当时的北宋王朝，表面上虽称盛世，实则已经危机四伏，作者希望能够借《伶官传》告诫北宋执政者吸取历史教训，居安思危，防微杜渐，力戒骄侈纵欲，远离奸邪小人。全文构思精巧，结构严谨，融叙事、议论、抒情为一体，叙事生动晓畅，论证层层深入，对比抑扬激射，感情深沉浓烈，一唱三叹，情韵绵远，于尺幅短章中见萦回无穷之意，人物形象跃然纸上，极富感染力，实为一篇不可多得的佳作。历代的文学家多视此文为典范，倍加赞赏，如明代茅坤称此文为"千古绝调"，清代沈德潜誉此文为"抑扬顿挫，得《史记》神髓，《五代史》中第一篇文字"。欧阳公之文风、政见与为人，于此文可略见一斑。

家累千金,坐不垂堂

常从上至长杨猎。①是时天子方好自击熊罴,驰逐野兽,相如上疏谏之。其辞曰:

臣闻物有同类而殊能者,故力称乌获②,捷言庆忌③,勇期贲、育④。臣之愚,窃以为人诚有之,兽亦宜然。今陛下好陵阻险,射猛兽,卒然遇轶才之兽,骇不存之地,犯属车之清尘,舆不及还辕,人不暇施巧,虽有乌获、逢蒙⑤之伎,力不得用,枯木朽株尽为害矣。是胡越起于毂下,而羌夷接轸也,岂不殆哉!虽万全无患,然本非天子之所宜近也。

且夫清道而后行,中路而后驰,犹时有衔橛⑥之变,而况涉乎蓬蒿,驰乎丘坟,前有利兽之乐而内无存变之意,其为祸也不亦难矣!夫轻万乘之重不以为安而乐,出于万有一危之涂以为娱,臣窃为陛下不取也。

盖明者远见于未萌而智者避危于无形,祸固多藏于隐微而发于人之所忽者也。故鄙谚曰"家累千金,坐不垂堂⑦"。此言虽小,可以喻大。臣愿陛下之留意幸察。

《史记·司马相如列传》

【注释】

①常从上至长杨猎:司马相如曾经跟随皇上到长杨宫去打

猎。常，通"尝"，曾经。上，指皇上，即汉武帝。"长杨"为宫名，宫中有垂杨数亩。

②乌获：秦武王的大力士。

③庆忌：吴王寮的儿子，跑得非常快。

④贲、育：孟贲、夏育，古代的勇士。

⑤逢蒙：古代的射箭能手。

⑥橛（jué）：马口中所衔的横木，后亦用金属制成。

⑦垂堂：屋檐下。

【译文】

司马相如曾经跟随皇上到长杨宫去打猎。当时，天子最喜欢亲自击杀熊、猪，驰马追逐野兽，相如因此上疏加以劝谏。谏词说：

臣听说万物中有虽是同类能力却不同的，所以提到力量大的就说乌获，提到敏捷的就说庆忌，说到勇猛的就说孟贲和夏育。臣愚昧，认为人有这种情况，兽类中也有这种情况。现在陛下喜欢登上险阻的地方，射击猛兽，一旦突然遇到轻捷超群的野兽，在您毫无戒备之时，它狂暴进犯，向着您的马车和随从冲来，马车来不及旋转车辕，人们也没机会施展技巧，那么，纵然有乌获和逢蒙的本领也发挥不出来，枯萎的树木和腐朽的树桩全都可以变成祸害。这就好比胡人和越人突然出现在车轮下，羌人和夷人紧跟在车后，岂不是很危险吗！即使是绝对安全而无一点害处，这也不是天子应该接近的地方。

况且即使清除道路然后再走，并选择道路中间来驱马奔驰，有时还会出现马口中的衔木突然断裂的事故，更何况在蓬蒿中跋涉，在荒丘废墟上奔驰，只想着猎获野兽的快乐，却没有应付突发事故的准备，怕是最容易出现祸患了！至于看轻君王的高贵地位，不以此为安乐，却乐于在虽有万全准备而仍有一丝危险的地方去追求快乐，臣以为陛下不应该这样做。

一般来讲，明察秋毫的人能在事情发生之前就预见到它的发生，智慧之人能在祸害还未形成之前就避开它，祸患本就多隐藏在暗蔽之处而发生在人们疏忽之时。所以谚语说"家中积累千金的，不会坐在房子的屋檐底下"。这话虽然说的是小事，却也可以用来说明大道理。臣希望陛下留意明察。

【简析】

司马相如的这篇进谏文章，不采取直批龙鳞的方式，而是用旁敲侧击的方法，让统治者自己醒悟。他指出，统治者的要务在于治理天下的大事，而不是凭着自己的爱好肆意妄为，那样的话，就会让自己等同于小人了。

这里涉及一个重要的问题，就是统治者的私人生活与公共生活的调节问题。我们要知道，统治者、官员都是人，都是有七情六欲和个人好恶的，所以他们也需要私人生活和私人空间。但他们的私人生活在很大程度上关联着公共生活，他们的私人空间和公共空间很难区隔开来。那么，如何解决这个问题呢？司马相如在这里提出的是一个很传统的观念，即对于官员和统治者来说，公共空间的重要性大于私人空间，统治者必须让公共生活优先于自己的私人生活。之所以如此，就在于统治者、官员的特殊性，因为他们的私人生活直接联系着公共生活，他们已经不是个体的人了，而是属于公共的人，他们的公共属性已经彻底压倒了私人属性。但实际上，古人的这种观念导致了很多不好的结果，使得很多统治者、官员干脆自暴自弃、彻底放纵自我。所以，在现代政治生活中，需要用一定的方法，来为公务人员划出一块自在的私人生活空间。但是，公务人员也应当清楚地意识到自己的公共属性。司马相如这里所提到的基本原则——统治者的公共属性大于其私人属性，仍是适用和必须坚持的。

不能自克,以及于难

楚子狩于州来,次于颍尾,使荡侯、潘子、司马督、嚣尹午、陵尹喜帅师围徐以惧吴。楚子次于乾溪,以为之援。雨雪,王皮冠,秦复陶①,翠被②,豹舄③,执鞭以出,仆析父从。右尹子革夕,王见之,去冠、被,舍鞭,与之语曰:"昔我先王熊绎与吕伋、王孙牟、燮父、禽父并事康王,四国皆有分,我独无有。今吾使人于周,求鼎以为分,王其与我乎?"对曰:"与君王哉!昔我先王熊绎,辟在荆山,筚路蓝缕,以处草莽。跋涉山川,以事天子,唯是桃弧、棘矢④以共御王事。齐,王舅也;晋及鲁、卫,王母弟也。楚是以无分,而彼皆有。今周与四国服事君王,将唯命是从,岂其爱鼎?"

王曰:"昔我皇祖伯父昆吾,旧许是宅。今郑人贪赖其田,而不我与。我若求之,其与我乎?"对曰:"与君王哉!周不爱鼎,郑敢爱田?"

王曰:"昔诸侯远我而畏晋,今我大城陈、蔡、不羹,赋皆千乘,子与有劳焉。诸侯其畏我乎?"对曰:"畏君王哉!是四国者,专足畏也。又加之以楚,敢不畏君王哉!"

工尹路请曰:"君王命剥圭以为鏚柲⑤,敢请命。"王入视之。析父谓子革:"吾子,楚国之望也。今与王言如响,国其若之何?"子革曰:"摩厉以须,王出,吾刃将斩矣。"

王出,复语。左史倚相趋过。王曰:"是良史也,子善视之。是能读《三坟》《五典》《八索》《九丘》⑥。"对曰："臣尝问焉，昔穆王欲肆其心，周行天下，将皆必有车辙马迹焉。祭公谋父⑦作《祈招》之诗以止王心，王是以获没于祇宫。臣问其诗而不知也。若问远焉，其焉能知之？"王曰："子能乎？"对曰："能。其诗曰：'祈招之愔愔⑧，式昭德音。思我王度，式如玉，式如金。形民之力，而无醉饱之心。'"王揖而入，馈不食，寝不寐，数日，不能自克，以及于难。

仲尼曰："古也有志：'克己复礼，仁也。'信善哉！楚灵王若能如是，岂其辱于乾溪？"

《左传·昭公十二年》

【注释】

①秦复陶：秦国赠送或出产的双层羽衣。

②翠被（pī）：翠羽披肩。

③豹舄（xì）：用豹皮做的鞋。

④桃弧、棘矢：桃木做的弓，荆棘做的箭。

⑤铍柲（qī bì）："铍"为类似斧头的兵器，"柲"为兵器的手柄。

⑥《三坟》《五典》《八索》《九丘》：皆为上古书，已失传。

⑦祭公谋父：周公之孙，周朝卿士。"祭公"为官名，"谋父"为人名。

⑧愔愔（yīn）：形容安静和乐的样子。

【译文】

楚灵王在州来狩猎，在颖尾逗留，派遣荡侯、潘子、司马督、嚻尹午、陵尹喜率领军队包围徐国以震慑吴国。灵王驻扎在乾溪，遥作支援。天降雨雪，灵王戴着皮帽，穿着羽衣，披着翠羽披肩，穿着豹皮鞋子，拿着马鞭走了出来，侍从仆析父跟在后面。副丞相右尹子革在傍晚觐见，灵王接见了他，灵王摘下帽子、披风，放下马鞭，对子革说："从前我的先王熊绎和吕伋、王孙牟、燮父、禽父等人一起辅佐周康王，如今齐、卫、晋、鲁四国都得到了周王室赐予的宝物，唯独我楚国没有。现在我派人到周王那里，索要我应得的鼎，周王会给我吗？"子革回答："会给您的！从前我们的先王熊绎在偏僻的荆山，驾柴车、穿破衣生活在草莽之中。跋山涉水劳苦奔波，以追随侍奉天子，用桃木做的弓、荆棘做的箭辅佐周王。齐王，是康王的舅父；晋王和鲁王、卫王，是康王的兄弟。楚国没有分到东西，但他们都有。如今周王和四国都服从于您，肯定会唯命是从的，怎会舍不得一个鼎呢？"

灵王说："我的始祖的哥哥昆吾，原本居住在许国的地界。如今郑国人赖在那里，不把土地还给我。我如果索要的话，他们会给我吗？"子革回答："会给您的！周王连鼎都不吝惜，郑国怎敢舍不得一点土地？"

灵王说："从前那些诸侯疏远楚国而追随晋国，如今我们大修了陈国、蔡国、不羹的城墙，它们的税赋都达到千乘之多，其中也有你的功劳，诸侯会惧怕我强大的楚国吗？"子革回答："肯定会的！陈、蔡、东不羹、西不羹四国就足以使他们害怕，再加上楚国，谁敢不惧怕您！"

工尹路请示灵王说："您让我剖开玉圭来做斧头的柄，请您过目。"灵王前去查看。灵王侍从仆析父对子革说："先生，您是楚国的指望。一味附和国王，楚国的命运可怎么办？"子革说："我不过是用点时间把刀磨锋利，国王出来以后，我锋利的劝谏之词就要砍下来啦！"

灵王回来之后，谈话继续。左史倚相小跑着走过。灵王说："倚相是很好的史官，您要善待他！这人能诵读《三坟》《五典》《八索》《九丘》。"子革回答："我曾经请教过他，周穆王曾因私欲而放纵自己的野心，打算周游天下，让车辙、马蹄的痕迹遍及天下。祭公谋父就作了一首《祈招》之诗来抑制他的野心，周穆王这才得以在祗宫之中寿终正寝。我问倚相那首诗，他都不知道。更古老的事，他哪能知道呢？"灵王说："您知道这首诗吗？"子革回答说："知道。这首诗写道：'祈招和悦安详的样子，传达着美德。帝王之胸怀，像玉一样，像金子一样。量力而行，不会有醉酒饱食的贪欲。'"灵王听完，作了个揖就回宫了，反复思量，饭也不吃，觉也不睡，如此数天，但灵王终究不能克制私欲，以至于后来被臣子杀死。

孔子说："古人有言：'克制自己的欲望而恢复礼制的尊严，就是仁义。'确实说得很对啊！楚灵王如果这样做，怎么会在乾溪受辱被杀呢？"

【简析】

楚灵王是春秋后期一位极富争议的君主,其为楚共王次子、楚康王之弟。楚康王死后,其幼子即位,当时担任令尹的灵王趁国君生病,勒死国君,并自立为王。灵王即位后,先后灭了陈、蔡,又修筑了东不羹、西不羹两座大城以威慑中原,终于一改楚国的颓势,而在会盟中重新成为霸主。然而,楚灵王的霸业完全建立在武力之上,不思采用怀柔手段以稳固政权,从而激发了楚国内外的诸多矛盾。

公元前530年,楚灵王再次出兵,企图与吴国争夺徐国,本文的故事就发生在这个时候。面对野心勃勃、好大喜功的楚灵王,子革并没有直面劝谏,而是通过因势利导的方式来讲道理,其三问三答看似阿谀逢迎,实则为欲擒故纵。最后,子革通过引用《祈招》中的文句,将自己的讽谏之意正式传达出来,令楚王猛受警醒。子革认为,国君必须克制自己的权力与欲望,性情应温润如玉,德性应纯粹如金,这样才能避免因穷奢极欲、穷兵黩武而激怒民众、败坏国家。正如孔子所说,"克己复礼"方为仁德的体现,也是稳固政权、避免羞辱的不二法门。

楚灵王的故事告诉我们,国家的强大并不体现在对别国的侵略或操控之上,民众的富庶、安定与和谐才是固邦之本、强国之基。因此,统治者应该以"克己"为基础,以"安内"为目的,这样才会有真正的"攘外"之效果。

臣道：

社稷之臣是安国之重器

《尚书》中说:"天佑下民,作之君、作之师。"丞相是士大夫的治国之师。古人理想的王道政治是"皇帝与士大夫共治天下",明君需要贤能的宰辅集团来匡扶社稷,而以士大夫群体为基础的宰辅集团又期待明君赋予其恰如其分的职位与权力来实现治国平天下的政治理想。二者在相互依赖中相互制衡,从而巩固政权,确保国治民安。因此,为臣正道是为天下万民谋福利而非为一姓一君守江山,忠于职守要求官员德配其位、能称其职而不结党营私、嫉贤妒能,对上可以纠正君心之非,为国补偏救弊,对下可以为国举荐人才,促进国富民强。

我出仕,为天下万民

臣道如何而后可?曰:缘夫天下之大,非一人之所能治,而分治之以群工。故我之出而仕也,为天下,非为君也;为万民,非为一姓也。吾以天下万民起见,非其道,即君以形声强我,未之敢从也,况于无形无声乎!非其道,即立身于其朝,未之敢许也,况于杀其身乎!不然,而以君之一身一姓起见,君有无形无声之嗜欲,吾从而视之听之,此宦官宫妾之心也;君为己死而为己亡,吾从而死之亡之,此其私昵①者之事也。是乃臣不臣之辨也。

世之为臣者昧于此义,以谓臣为君而设者也。君分吾以天下而后治之,君授吾以人民而后牧之,视天下人民为人君橐②中之私物。今以四方之劳扰,民生之憔悴,足以危吾君也,不得不讲治之牧之之术。苟无系于社稷之存亡,则四方之劳扰,民生之憔悴,虽有诚臣,亦以为纤芥③之疾也。夫古之为臣者,于此乎,于彼乎?

盖天下之治乱,不在一姓之兴亡,而在万民之忧乐。

《明夷待访录·原臣》

【注释】

①私昵:亲近,宠爱。

②橐（tuó）：口袋。

③纤芥：非常细小的。

【译文】

怎样才算是做"臣"的道理呢？据我看，是因为天下之大，并非一个人所能治理，须由群臣分工合作才能治理好。因此我出仕为官，为的是天下，而不是君主一人；为的是天下万民，而不是君主一家。为天下万民起见，如果是做不合理的事情，即使君主用言语、行动强迫我，我也不敢听从，更何况还只是通过无形无声的暗示传达君主的喜好、欲望！如果是做不合理的事情，即使只是让我现身在朝堂之上，我也不敢答应，更何况是献出自己的性命！如果不这样想，而是为了君主一人一家起见，那么君主有些还没有表现出来的私欲，我也要先去揣摩逢迎，那是宦官和宫女的心理；君主为了自己私欲死去，我也要跟着死去，那是君主宠爱亲近之人的态度，都不是"臣"应该做的事情。算不算得上真正的"臣"，区别就在这里。

世上那些做人臣的不懂得这个道理，还说"臣"是为了君主而设。君主把天下分一部分给我统治，把人民分一部分给我管理，把天下和人民都看成君主口袋中的私人财产。以为现在国家混乱、民生凋敝，足以危害到我的君主，才不得不去研究管理国家的办法。要是这样的话，如果国家混乱、民生凋敝不会影响到朝廷存亡，那么即使是所谓的忠臣，也不觉得有什么大问题。古代的大臣难道是这样的吗?

当然不是,天下的治乱,不在于某个君主的兴亡,而在于民众安乐与否。

【简析】

黄宗羲的《明夷待访录》是中国古代政治学说的极高成就之一。它从政治权力的本质入手,清晰定义了君臣关系、君民关系。黄宗羲在《原君》一篇中就明确说"天下为主,君为客",发扬孟子"民为贵,社稷次之,君为轻"的政治观念,以"公天下"的精神强烈反对"家天下"的立场。《原臣》一篇从为臣的角度接着阐述政治权力乃是天下的公共资源,君与臣都只是受人民委托的政治权力的执行者,虽在权利、责任等方面分工不同,但并没有根本差别。天下和万民都不是君主的私产,大臣当然也不是君主的私奴,人臣绝不能以奴才自居。儒家一向认为君臣之间以道义相结合,臣的真正义务在于和君主共同管理天下,而非侍奉君主一家一姓。因此做官的人都应该心系社稷存亡、民生苦乐,立身行事必须刚正不阿,绝不能阿谀奉承、结党营私。继《原君》之后,《原臣》又进一步明确提出了"天下之治乱,不在一姓之兴亡,而在万民之忧乐"的政治口号。显然,黄宗羲这些闪耀民主光辉的政治观念足以成为普遍的政治原则,至今仍然有着强烈的现实意义。

从道不从君，社稷安

从命而利君谓之顺，从命而不利君谓之谄；逆命而利君谓之忠，逆命而不利君谓之篡；不恤君之荣辱，不恤国之臧否，偷合苟容，以持禄养交而已耳，谓之国贼。君有过谋过事，将危国家、殒社稷之惧也，大臣、父兄有能进言于君，用则可，不用则去，谓之谏；有能进言于君，用则可，不用则死，谓之争；有能比知同力，率群臣百吏而相与强君挢君，君虽不安，不能不听，遂以解国之大患，除国之大害，成于尊君安国，谓之辅；有能抗君之命，窃君之重，反君之事，以安国之危，除君之辱，功伐足以成国之大利，谓之拂①。故谏、争、辅、拂之人，社稷之臣②也，国君之宝也，明君所尊厚也，而暗主惑君以为己贼也。故明君之所赏，暗君之所罚也；暗君之所赏，明君之所杀也。伊尹、箕子可谓谏矣，比干、子胥可谓争矣，平原君之于赵可谓辅矣，信陵君之于魏可谓拂矣。传曰："从道不从君。"此之谓也。故正义之臣设，则朝廷不颇；谏、争、辅、拂之人信，则君过不远；爪牙之士施，则仇雠不作；边境之臣处，则疆垂不丧。故明主好同而暗主好独，明主尚贤使能而飨其盛，暗主妒贤畏能而灭其功。罚其忠，赏其贼，夫是之谓至暗，桀、纣所以灭也。

事圣君者，有听从，无谏争；事中君者，有谏争，无谄谀；事暴君者，有补削，无挢拂。迫胁于乱时，穷居于暴国，而无所避之，则崇其美，扬其善，违其恶，隐其败，言其所长，不称其所短，以为成俗。《诗》曰："国有大命，不可以告人，妨其躬身。"此之谓也。

《荀子·臣道》

【注释】

①拂：通"弼"，矫正，辅佐。
②社稷之臣：关系国家安危的重要大臣。

【译文】

听从君主的命令而有利于君主叫作顺从，听从君主的命令而不利于君主叫作谄媚；违背君主的命令而有利于君主叫作忠诚，违背君主的命令而不利于君主叫作篡夺；不顾君主的荣辱，不顾国家的好坏，只是一味苟且迎合君主来保住自身，取得俸禄并豢养私交结成党羽，这叫作危害国家的败类。君主因谋划错误或做错事情而将对国家产生重大危害的时候，大臣、父子、兄弟中有人向君主进言，被采纳就可以继续任职，不被采纳就辞职离去，这叫作劝谏；有能力向君主进言，被采纳就可以心安，不被采纳就为国殉身，这叫作死诤；有能力联合有智慧的人齐心协力，率领群臣百官共同来强迫君主、纠正君主，君主即使感到不安，但不能不听从，于是解除了国家的大祸患，消除了国家的大灾难，使君主尊贵、国家安全，这叫作辅佐；有能力违抗君主的命令，窃取君主的大权，反对君主的行事，使国家转危为安，消除了君主的耻辱，功劳足以给国家带来很大好处，这叫作矫正。所以劝谏、死诤、辅佐、矫正的人，是国家的功臣，是国君的珍宝，是贤明的君主所尊敬厚爱的，但昏庸糊涂的君主却认为他们是自己身边的奸贼。所以贤明的君主所奖赏的，是昏庸的君主所惩罚的；昏庸的君主所奖赏的，是贤明的君主所杀戮的。伊尹、箕子可称为劝谏的人了，比干、子胥可称为死诤的人了，平原君对于赵国可称为辅佐的人了，信陵君对于魏国可称为矫正的人了。古书上说："应该始终遵从大道而不是一味顺从君主。"说的就是这个。所以正义的臣子被任用，朝政就不会出现大的偏差；劝谏、死诤、辅佐、矫正的人被信任，君主的过错就不会延长很长时间；勇猛的武士被任用，仇敌就不敢入侵；保卫边境的大臣忠于职守，边境就不会丧失。所以贤明的君主喜好与贤能共谋大业，而昏庸的君主爱好独断专行；贤明的君主崇尚贤人、任用能人而享受他们的成果，而昏庸的君主妒忌贤人、畏惧能人而抹杀他们的功劳。惩罚忠臣，奖赏奸贼，这就叫作极其昏庸，这就是夏桀、商纣灭亡的原因。

　　侍奉圣明的君主，大臣一般只需听从而不必劝谏苦诤；侍奉一般的君主，需要劝谏苦诤而不必阿谀奉承；侍奉暴君的话，需要弥补缺陷过失而不必强行矫正。被逼迫、受挟制地生活在混乱的时代，走投无路地住在暴君统治的国家，而又无处可逃，那就推崇他的美德，宣扬他的善行，不提他的罪恶，隐瞒他的失败，称道他的长处，不说他的短处，把这些作为既成的习俗。《诗经》里说："国家有事关生死存亡的大问题，不可告诉别人，否则就会危害自身性命。"说的就是这种情况。

【简析】

荀子在《臣道》篇中详细分析了为臣的各种类别及其行为特征与行为准则，指出臣下应该根据国君的不同情况采取不同的行为方式，强调臣下一定要忠君爱民、正直诚实，进退取舍合乎礼义。本文集中阐述了当国君的行为与社稷的安危发生冲突时应该"从道不从君"的古训，旨在利国利民，避免国民的大患大害。从精神追求或思想主张来看，荀子虽然详细对比了臣下侍奉君上的顺、谄、忠、篡、谏、争、辅、拂等种种行为于国、于君、于己的不同利害关系，但荀子最想警醒当世君臣或者后世读者：于国于民最好的君臣组合是国君都能重用"社稷之臣"，以人才为国宝；大臣都能"从道不从君"，成国之大利。荀子围绕一个主题将几种情况对比分析，环环相扣、层层推进，最终托举出一个最为明显的答案犹如最为闪亮的宝贝一样呈现在读者面前。并且，为了降低理解的难度，荀子还适时地采用了大量深入浅出的比喻、类比，力图用鲜明的对比来警醒后人。

逢迎君之恶，其罪大

孟子曰："五霸者，三王之罪人也；今之诸侯，五霸之罪人也；今之大夫，今之诸侯之罪人也。天子适诸侯曰巡狩，诸侯朝于天子曰述职。春省耕而补不足，秋省敛而助不给。入其疆，土地辟，田野治，养老尊贤，俊杰在位，则有庆①，庆以地。入其疆，土地荒芜，遗老失贤，掊克②在位，则有让。一不朝，则贬其爵；再不朝，则削其地；三不朝，则六师移之。是故天子讨而不伐，诸侯伐而不讨。五霸者，搂诸侯以伐诸侯者也，故曰：五霸者，三王之罪人也。五霸，桓公为盛。葵丘之会，诸侯束牲载书而不歃血。初命曰：'诛不孝，无易树子，无以妾为妻。'再命曰：'尊贤育才，以彰有德。'三命曰：'敬老慈幼，无忘宾旅。'四命曰：'士无世官，官事无摄，取士必得，无专杀大夫。'五命曰：'无曲防③，无遏籴④，无有封而不告。'曰：'凡我同盟之人，既盟之后，言归于好。'今之诸侯，皆犯此五禁，故曰：今之诸侯，五霸之罪人也。长君之恶其罪小，逢君之恶其罪大。今之大夫，皆逢君之恶，故曰：今之大夫，今之诸侯之罪人也。"

《孟子·告子下》

【注释】

①庆：赏赐。

②掊（póu）克：聚敛、搜刮民财之人。

③无曲防：建立水利堤防不要只考虑对本国有利而不考虑对他国有害。

④无遏籴（dí）：不要禁止粮食自由买卖和邻国前来采购粮食。

【译文】

孟子说："五霸，对三王说来，是有罪之人；现在的诸侯，对五霸说来，又是有罪之人；现在的大夫，对现在的诸侯说来，又是有罪之人。天子巡行诸侯国叫作巡狩，诸侯朝见天子叫作述职。春天天子考察耕种情况，补助种子和劳动力不足的农户；秋天考察收获情况，接济缺粮的农户。一进到某诸侯国的疆界，如果土地已经开垦，田里的农活也做得很好，老人得到赡养，贤者得到尊敬，有才能的人在位做官，那么这里的诸侯就会得到赏赐，赏赐更多土地。如果一进到某诸侯国的疆界，土地荒废，老人被遗弃，贤者不被任用，贪官污吏在位做官，那么这里的诸侯就会受到责罚。诸侯述职，一次不朝见天子，就降低他的爵位；两次不朝见天子，就削减他的土地；三次不朝见天子，就派遣军队进去接管。所以天子对待有罪之臣只发布声讨他们罪行的命令，而不亲自征伐；诸侯则奉天子的命令去征伐有罪之臣，而不仅仅是声讨。五霸，挟持一部分诸侯来攻伐另一部分诸侯，所以我说：五霸，对三王来说，是有罪之人。五霸中，齐桓公的事功最为盛大。在葵丘的一次盟会上，大家捆绑了祭祀用的牺牲，把盟约放在它们身上，因为相信诸侯不敢负约，便没有歃血。第一条盟约说：'诛责不孝之人，不要废立太子，不要改立妾为妻。'第二条盟约说：'尊敬贤人，养育人才，来表彰有德者。'第三条盟约说：'恭敬老人，慈爱幼小，不要懈怠贵宾和旅客。'第四条盟约说：'士人的官职不要世代相传，公家职务不要一人兼任数职，录用士子一定要德位匹配，不要独断专行地杀戮大夫。'第五条盟约说：'不要到处筑堤，不要禁止邻国来采购粮食，不要有所封赏而不报告盟主。'最后说：'所有我们参与盟会的人从订立盟约以后，完全恢复旧日的友好。'然而今日的诸侯都违反了这五条禁令，所以说：今天的诸侯，对五霸来说是有罪之人。臣下被迫帮助君主干坏事，这罪行还小；臣下主动为君主干坏事找借口和依据，使他更加无所忌惮，这罪行可就大了。而今天的大夫，都逢迎君主的过失与罪恶，所以说，今天的大夫，对诸侯来说都是有罪之人。"

【简析】

孟子借公元前651年齐桓公主持的"葵丘之盟"，对春秋战国时期没有正义原则的诸侯和大夫提出了深刻的批评，崇尚王道，反对霸道。这里提到的五条盟约，虽然未必是"葵丘之盟"的全部约定条款，但一定是对稳定天下最为重要的五条原则。比如第一条"诛不孝，无易树子，无以妾为妻"，我们纵观春秋战国各诸侯国兴亡过程，确实大多数国家都因为继嗣不孝、轻易废立继承人、宠妾干政误国而发生了大动乱甚至大危亡，并且还常常因为某诸侯国发生内乱，其他诸侯国趁虚而入又彼此纷争，造成整个天下长久不息的大动荡，所以齐桓公、管仲才秉持着尊王攘夷、团结诸侯的理念，将这一条放在首位。如果说第一条是各诸侯国的当务之急，那么"尊贤育才，以彰有德"强调的"俊杰在位""德位相配"这一培养人才、重用人才的治国观念，则是各诸侯国能够长治久安的根本保障。第三条强调的是引领社会的道德文化，偏向于昭告普通群众。第四条强调的是治理国家的行政制度，偏向于警诫世家大族。第五条则强调仁义友好的诸侯外交之道。显然，这五条原则构成了一个逻辑严密的盟约系统，是孟子从"葵丘之盟"全部盟约中精心选取出来的代表，具有很强的可操作性、可复制性与可传播性。孟子旨在从维护整个中国长治久安的前提出发，对春秋战国时期"无义战"和不顾天下太平、黎民疾苦的诸侯以及怂恿、迎合诸侯争战的各国大夫提出了尖锐批评，对战国中后期世风日下、完全不讲究社会公德与正义原则的各国诸侯表达了强烈的控诉。

据法而责，陈过而谏

梁丘据死，景公召晏子而告之，曰："据忠且爱我，我欲丰厚其葬，高大其垄。"

晏子曰："敢问据之忠与爱于君者，可得闻乎？"

公曰："吾有喜于玩好，有司未能我共也，则据以其所有共我，是以知其忠也；每有风雨，暮夜求之必存，吾是以知其爱也。"

晏子曰："婴对，则为罪，不对，则无以事君，敢不对乎！婴闻之，臣专其君，谓之不忠；子专其父，谓之不孝；妻专其夫，谓之嫉妒。事君之道，导君以亲于父兄，有礼于群臣，有惠于百姓，有信于诸侯，谓之忠；为子之道，导父以钟爱其兄弟，施行于诸父，慈惠于众子，诚信于朋友，谓之孝；为妻之道，使其众妾皆得欢忻于其夫，谓之不嫉。今四封之民，皆君之臣也，而维据尽力以爱君，何爱者之少邪？四封之货，皆君之有也，而维据也以其私财忠于君，何忠者之寡邪？据之防塞群臣，雍蔽君，无乃甚乎？"

公曰："善哉！微子，寡人不知据之至于是也。"遂罢为垄之役，废厚葬之令，令有司据法而责，群臣陈过而谏。故官无废法，臣无隐忠，而百姓大说。

《晏子春秋·内篇谏下》

【译文】

梁丘据死了,齐景公召见晏子,说:"梁丘据忠心且爱戴我,我想厚葬他,把他的坟修得高大一些。"

晏子说:"梁丘据对您的忠心与爱戴,能说出来让我听一听吗?"

齐景公说:"我喜欢的玩好之物,官吏们不能提供,梁丘据就把他自己的拿来让我玩,可见他是忠心的;每逢有风雨,天晚了召他他必到,可见他是爱戴我的。"

晏子说:"我回应就会得罪您,不回应就是失职,但不敢不谈谈我的想法啊!我听说,臣下独占侍奉君王之名,叫作不忠;儿子独占孝顺父亲之名,叫作不孝;妻子独占丈夫,叫作嫉妒。侍奉君王之道,在于引导君王亲爱父兄,对群臣有礼,对百姓施恩,对诸侯有信誉,这才是忠;为人子之道,在于引导父亲钟爱兄弟们,把爱心传布给叔伯,慈爱惠及众多孩子,对朋友有信义,这才是孝;为妻之道,在于让众妾都能得到丈夫的欢欣,这叫作不嫉妒。现在国内的人民,都是您的臣下,只有梁丘据竭力爱君,为什么爱您的人这么少呢?国内的财物,都归您所有,只有梁丘据用私人财物向您尽忠,尽忠的人怎么这么少呢?由此可见,梁丘据堵塞、隔绝群臣与君王的关系,不是太严重了吗?"

齐景公说:"很好!如果不是您,我就不知道梁丘据竟然是这样的人。"于是齐景公停止为梁丘据修筑高坟,中止厚葬的命令,并让官吏依法责处,群臣进谏陈述过失。这样,朝廷中没有徒有虚名的法令，臣下的忠心也不被埋没，百姓十分高兴。

【简析】

梁丘据擅于揣摩齐景公的心意，且能满足齐景公的各种欲望和要求，因此在梁丘据去世之后，齐景公欲以超出常规的礼制去厚葬他，不承想却遭到了晏子的激烈反对。晏子认为，梁丘据对齐景公的所作所为根本称不上"忠"或"爱"，他一味阿谀逢迎、投其所好，不过是堵塞群臣、蒙蔽君上的小人而已。晏子认为，"忠君"并非仅仅意味着讨好君主一个人，因为君主实际上是天下或国家的象征，并不仅仅是一个独立的人或个体。因此，臣下通过"导君以亲于父兄，有礼于群臣，有惠于百姓，有信于诸侯"的方式，替君主排忧解难、为君主建功立业，才可谓真正的忠君爱国。

毫无疑问，晏子的见识更深彻，眼光更长远，他在社会关系的大视域之中去界定人的社会价值。这样，"忠""孝"等德行便不再抽象或狭隘，而具有某种普遍性。在今天，我们的领导干部在接触下属的时候也应具备晏子的眼光，警惕并远离那些溜须拍马、阿谀奉承之人。梁丘据虽然能够满足齐景公的私欲和私利，却丝毫无益于齐景公尽到一国之君的本分，不能促进社会进步、维护国家利益，而这些才是齐景公应高度关切并努力实现的。

亡羊补牢，未为迟也

"臣闻鄙语曰：'见兔而顾犬，未为晚也；亡羊而补牢，未为迟也。'臣闻昔汤、武以百里昌，桀、纣以天下亡。今楚国虽小，绝长续短，犹以数千里，岂特百里哉！

"王独不见夫蜻蛉乎？六足四翼，飞翔乎天地之间，俯啄蚊虻而食之，仰承甘露而饮之，自以为无患，与人无争也。不知夫五尺童子，方将调饴胶丝，加己乎四仞①之上，而下为蝼蚁食也。

"蜻蛉其小者也，黄雀因是以。俯噣白粒，仰栖茂树，鼓翅奋翼，自以为无患，与人无争也。不知夫公子王孙，左挟弹，右摄丸，将加己乎十仞之上，以其颈为招。昼游乎茂树，夕调乎酸咸，倏忽之间，坠于公子之手。

"夫黄雀其小者也，黄鹄因是以。游于江海，淹乎大沼，俯噣鳝鲤，仰啮菱蘅，奋其六翮②而凌清风，飘摇乎高翔，自以为无患，与人无争也。不知夫射者，方将修其碆卢③，治其矰缴，将加己乎百仞之上。彼磁磻，引微缴，折清风而抎矣。故昼游乎江河，夕调乎鼎鼐。

"夫黄鹄其小者也，蔡圣侯之事因是以。南游乎高陂，北陵乎巫山，饮茹溪之流，食湘波之鱼，左抱幼妾，右拥嬖女，与之驰骋乎高蔡之中，而不以国家为事。不知夫子发方受命乎宣王，系已以朱丝而见之也。

"蔡圣侯之事其小者也,君王之事因是以。左州侯,右夏侯,辇从鄢陵君与寿陵君,饭封禄之粟,而载方府之金,与之驰骋乎云梦之中,而不以天下国家为事。不知夫穰侯方受命乎秦王,填黾塞之内,而投己乎黾塞之外。"

《战国策·楚策四》

【注释】

①仞:古代长度单位,八尺为一仞。

②翮(hé):翅膀。

③䃅(bō)卢:弓箭。"䃅"为箭头,"卢"为黑色的弓。

【译文】

"我听俗语说:'看到兔子后才想起猎犬,不算太晚;羊逃跑之后补修羊圈,不算太迟。'我听说商汤、周武王都是从百里小国变得昌盛的,夏桀、商纣拥有天下却最终灭亡。如今我们楚国虽然小,截长补短,方圆还有几千里,岂止是百里呢!

"大王您没看见蜻蜓吗?六条腿、四只翅膀,在天地之间飞翔,俯身捕食蚊、虻,仰头承饮甘露,自以为没有祸患,不与人争。没想到五尺高的小孩子调好了黏糖粘在丝绳上,将之从三十二尺高的空中粘下来,丢给蚂蚁吃。

"如果说蜻蜓事小,黄雀也是这样。啄食地上的米粒,栖息在大树之上，展翅奋飞，自以为没有灾难，与世无争。没想到王孙公子左手拿着弹弓，右手装上弹丸，要向八十尺的高空射击它，拿它的颈做靶子。它白天还在大树上游玩，晚上就被人添加佐料做成了菜肴，顷刻间就死在王孙公子手里。

"如果说黄雀事小，天鹅也是这样。它在江海间遨游，在湖沼里休息，低头啄食水中的鳝、鲤，抬头吃菱角和水草，振动翅膀，乘驾清风，在空中翱翔，自己以为没有灾难，与世无争。没想到猎手正准备他的弓箭，整理拴箭的丝绳，要向八百尺的高空射击它，它被利箭射中，拖着箭上的细丝绳，在清风中翻转了一下身子就掉下来了。白天还在江河中遨游，晚上就被放在鼎鼐中烹调了。

"如果说天鹅事小，蔡圣侯也是这样。他南游高丘，北登巫山，在茹溪河畔饮水，吃湘江的鲜鱼，他左手抱着年轻的爱妾，右手搂着心爱的美女，和她们一起奔驰在高蔡一带的路上，而不把国家的安危当作正事。可是没想到子发刚从楚王那里接到了攻打蔡国的命令，最后他自己被红绳拴上去见楚王。

"如果说蔡圣侯事小，大王您也是这样。左边有州侯，右边有夏侯，大王车驾后面还跟着鄢陵君和寿陵君，吃着由封地进奉的粮食，载着四方府库所供纳的金银，和他们一起驾着车子奔驰在云梦泽一带，不把天下国家的安危当作正事。没想到穰侯魏冉刚从秦王那里接到了攻打楚国的命令，陈兵在黾塞之内，而把您驱逐到黾塞之外啊。"

【简析】

本文选自《战国策》,讲述的是庄辛见到楚襄王,大胆直言,批评楚襄王终日与阿谀逢迎之臣为伍,淫逸奢靡,不理国政。庄辛以由小而大、由物及人的比喻,浅显生动、层层深入地告诫楚襄王不能只图享乐,而应励精图治,"以天下国家为事",否则必将招致严重后患。

在古代,如何劝谏君主一直是耿介之臣的重要任务和首要难题。说它是重要任务,是因为如果大臣不能指陈君主的错误,君主或将陷入骄奢淫逸、飞扬跋扈之中不能自拔,国家就会遭到灭亡之灾;说它是首要难题,是因为君主一般不会从善如流,如果因为言辞不当而冒犯、违抗了君主的意愿,劝谏者就会遭受杀身之祸。之所以说"伴君如伴虎",就是因为臣下处在"阴阳之患"(内心忧虑)与"人道之患"(性命堪忧)的夹缝中,必须在忠心耿耿之外还要小心翼翼才能保全性命、实现理想。因此,进谏也是一门关乎言辞的艺术。庄辛的陈述就是这种艺术的典型代表——既不会惹怒君主,又能最后将之说服。在今天,我们在向上级领导提意见或建议的时候,最好也能委婉而形象地劝说,这样往往能取得事半功倍的效果。

既进管仲，一匡天下

管仲夷吾者，颍上人也。少时常与鲍叔牙游，鲍叔知其贤。管仲贫困，常欺鲍叔，鲍叔终善遇之，不以为言。已而鲍叔事齐公子小白，管仲事公子纠。及小白立，为桓公，公子纠死，管仲囚焉。鲍叔遂进管仲。管仲既用，任政于齐，齐桓公以霸，九合诸侯，一匡天下，管仲之谋也。

管仲曰："吾始困时，尝与鲍叔贾，分财利多自与，鲍叔不以我为贪，知我贫也。吾尝为鲍叔谋事而更穷困，鲍叔不以我为愚，知时有利不利也。吾尝三仕三见逐于君，鲍叔不以我为不肖，知我不遭时也。吾尝三战三走，鲍叔不以我为怯，知我有老母也。公子纠败，召忽死之，吾幽囚受辱，鲍叔不以我为无耻，知我不羞小节而耻功名不显于天下也。生我者父母，知我者鲍子也。"

鲍叔既进管仲，以身下之。子孙世禄于齐，有封邑者十余世，常为名大夫。天下不多管仲之贤而多鲍叔能知人也。

《史记·管晏列传》

【译文】

管仲，名夷吾，是颍上人。他年轻的时候常和鲍叔牙交往，鲍叔牙知道他贤能。管仲家贫，经常占鲍叔牙的便宜，但鲍叔牙始终很好地对待他，不因这些事而有怨言。不久，鲍叔牙侍奉齐国公子小白，管仲侍奉公子纠。等到小白即位为齐桓公以后，让鲁国杀了公子纠，管仲被囚禁。于是鲍叔牙向齐桓公推荐管仲。管仲被任用以后，在齐国辅政，齐桓公凭借着管仲而称霸，并以霸主的身份多次组织诸侯的盟会，纠正了春秋时期诸侯各国混乱的局势，使天下安定下来，这都是依靠管仲的智谋。

管仲说："我当初贫困时，曾经和鲍叔牙一起做生意，分财利时自己总是多要一些，鲍叔牙并不认为我贪财，他知道我家里贫穷。我曾经替鲍叔牙谋划事情，反而使他更加陷于窘迫的困境，鲍叔牙不认为我愚笨，他知道时运有顺与不顺。我曾多次被国君驱逐，鲍叔牙不认为我不成器，他知道我只是没遇上好时机。我曾经多次从战场上逃跑，鲍叔牙不认为我胆小，他知道我家里有老母亲需要赡养。公子纠失败，召忽为他殉难，我被囚禁遭受屈辱，鲍叔牙不认为我不知廉耻，知道我不因小过失而感到羞愧，却以功名不能显扬于天下为耻辱。生养我的人是父母，真正了解我的人是鲍叔牙啊。"

鲍叔牙推荐了管仲以后，甘心居于管仲之下。他的子孙世世代代在齐国享有俸禄，得到封地的有十几代人，许多人还是齐国著名的大夫。天下的人不称赞管仲的才干，反而赞美鲍叔能识别人才。

【简析】

管仲是齐国在春秋时期成就霸业的重要谋臣。他注重发展齐国的经济和农业，反对空谈，主张改革以富国强兵。在对外政策上，管仲打出"尊王攘夷"的旗帜，以尊崇周天子的名义讨伐不敬的诸侯国，使得齐国成为当时维系天下稳定的重要力量。孔子便曾给予管仲高度评价，认为"管仲相桓公，霸诸侯，一匡天下，民到于今受其赐"，为当时的天下太平与人民福祉作出了巨大贡献。但是，管仲之所以能实现如此之盖世功业，离不开鲍叔牙的包容与赏识，本文集中体现了这一点。

鲍叔牙堪称管仲的伯乐，了解管仲的真才实干，在具体的事情上，尽管管仲有着各种貌似不堪的行为表现，鲍叔牙却能透过现象看到问题的本质，并能对管仲予以同情、理解，而不认为管仲是贪婪、愚蠢、没本事、胆怯或无耻的。不仅如此，鲍叔牙最终还推荐管仲取代自己成为齐国的相国，举贤任能、甘居人下，体现出极高的大局观和谦让精神。可以说，如果没有鲍叔牙的体谅、宽容与让位，管仲便无法施展其才能，齐桓公便无法如此这般成就其霸业。后人根据本文中司马迁的叙述而概括出来的"管鲍之交"这个成语，传达了好友之间的亲密无间与彼此信任，由此成为中国历代知识分子形容"知音"的代名词，永传佳话。

于今而言，"管鲍之交"仍然启示我们应该充分信任自己的同事和朋友，对其错误或失误要充分地理解与谅解，如此才能彼此信任、通力合作，最终取得事业的成功。

学后入政，不以政学

子皮欲使尹何为邑。

子产曰："少，未知可否。"

子皮曰："愿，吾爱之，不吾叛也。使夫往而学焉，夫亦愈知治矣。"

子产曰："不可。人之爱人，求利之也。今吾子爱人则以政，犹未能操刀而使割也，其伤实多。子之爱人，伤之而已，其谁敢求爱于子？子于郑国，栋也，栋折榱①崩，侨将厌②焉，敢不尽言？子有美锦，不使人学制焉。大官、大邑，身之所庇也，而使学者制焉，其为美锦不亦多乎？侨闻学而后入政，未闻以政学者也。若果行此，必有所害。譬如田猎，射御贯，则能获禽，若未尝登车射御，则败绩厌覆是惧，何暇思获？"

子皮曰："善哉！虎不敏。吾闻君子务知大者、远者，小人务知小者、近者。我，小人也。衣服附在吾身，我知而慎之，大官、大邑所以庇身也，我远而慢之。微子之言，吾不知也。他日我曰：子为郑国，我为吾家，以庇焉，其可也。今而后知不足。自今请，虽吾家，听子而行。"

子产曰："人心之不同如其面焉，吾岂敢谓子面如吾面乎？抑心所谓危，亦以告也。"

子皮以为忠，故委政焉，子产是以能为郑国。

《左传·襄公三十一年》

【注释】

①榱（cuī）：屋椽。

②厌（yā）：通"压"，掩埋。

【译文】

子皮想让尹何治理他的封地。

子产说："尹何有些年轻，不知能否胜任。"

子皮说："尹何老实谨慎，我很爱惜他，他一定不会背叛我。让他到那里学习一下，就会更懂得治理百姓了。"

子产说："不可以。一个人真正爱惜别人，就要做有利于他的事。现在您想让他来管理政事，就好像让一个还不会拿刀的人去割肉一样，会造成很多伤害。您所谓的爱惜人，不过是伤害人而已，以后谁还敢求得您的喜爱呢？您对于郑国，就像房屋的栋梁，栋梁折断之后屋椽就会崩塌，我也会被埋在下面，所以怎能不说出自己的真实想法呢？您若有一块美丽的锦缎，一定不会让人用它来练习剪裁衣服。大官、大邑是身家性命的寄托所在，您却让一个正在学习的人去试着管理，大官、大邑与美丽的锦缎相比，不是更加贵重吗？我只听说过治国之道学好了方能参与政事，没听说过用参政的方式来学习治国之道的。如果真这么做，一定会有危害。以打猎为喻，射箭和驾车都精通了，才能猎获禽兽，假如从来就没有射过箭、驾过车，打猎时就会为翻车发生事故而担忧，哪里还顾得上去猎获禽兽呢？"

子皮说:"说得好!我生性驽钝。我听说君子致力于思考大事和长远之事,小人致力于了解小事和眼前之事。我,无疑是小人。我身上的衣服,我知道爱惜;大官、大邑这些身家性命的寄托之处,却被我忽略并怠慢了。假如没有您的这番话,我不会懂得这个道理。从前我说过,您治理郑国,我治理我家的封地,在您的庇护之下,还是可以的。现在我才知道这还不够。从今以后,即便是我家的封地,也要听从您的意见行事才好。"

子产说:"人心的不同就像人的面貌一样,我怎敢说您的面貌同我的一样呢?只不过我心里认为危险的事情,还是要赶紧奉告的。"

子皮认为子产非常忠实,就把郑国的政事委托给他。子产因此才得以治理郑国。

【简析】

本文记述了子皮和子产关于尹何能否担任子皮封地的行政长官的一段对话,表现出子产的远见卓识和坦诚态度,以及子皮从善如流、大肚能容的宰相风范。

子产作为下级,对子皮的错误先是委婉反对,说尹何太年轻,不知能否胜任。接着,通过一系列形象而贴切的比喻,深刻地指出委任尹何以要职是对民众与国家的不负责任,最终让子皮心服口服地接受了他的劝告,显示出高超的论说能力和高妙的智慧才能。子皮作为上级,在遭到下属的反对之后,没有居高自傲，而是坦然说出了自己的想法和意图。在认真聆听了子产的陈述之后，更加重用子产，体现出了子皮知错即改的谦和态度以及选贤任能的大公无私精神。

本文可谓处理上下级关系的正面模板。从子产的话中，我们可以看到向领导指陈错误的合理方式与委婉态度；从子皮的话中，我们可以看到领导对自身错误想法的坦然承认，以及对下属中肯意见的欣然接受。此外，子皮因为爱惜年轻的尹何而欲不顾后果盲目提拔、跳跃等级委以重任，也能为我们的领导干部选任人才提供一些反思和警示。

德当其位，能当其官

君之所审者三：一曰德不当其位，二曰功不当其禄，三曰能不当其官。此三本者，治乱之原①也。故国有德义未明于朝者，则不可加于尊位；功力未见于国者，则不可授与重禄；临事不信于民者，则不可使任大官。故德厚而位卑者，谓之过；德薄而位尊者，谓之失。宁过于君子，而毋失于小人。过于君子，其为怨浅；失于小人，其为祸深。是故，国有德义未明于朝而处尊位者，则良臣不进；有功力未见于国而有重禄者，则劳臣不劝；有临事不信于民而任大官者，则材臣不用。三本者审，则下不敢求；三本者不审，则邪臣上通，而便辟制威②。如此，则明塞于上，而治壅于下，正道捐弃，而邪事日长。三本者审，则便辟无威于国，道涂③无行禽④，疏远无蔽⑤狱，孤寡无隐⑥治。故曰：刑省治寡，朝不合众。

《管子·立政》

【注释】

①原：通"源"，根源。

②便（pián）辟制威：君主宠幸的小人就会专权。便辟，指受君主宠幸的小臣。制威，"擅权"之义。

③涂：通"途"，道路。

④禽：通"擒"，指被捕的人。

⑤蔽：错误的。

⑥隐：不白的。

【译文】

君主需要注意审察的根本问题有三个：一是大臣的品德与地位不相称，二是大臣的功劳与俸禄不相称，三是大臣的能力与官职不相称。这三个根本问题是国家治乱的根源。所以在一个国家里，对于道德仁义没有显著于朝廷的人，不可授予崇高的爵位；对于建功立业没有表现于全国的人，不可给予优厚的俸禄；对于主管事务没有取信于人民的人，就不能让他做大官。所以德行厚而授爵低的人，叫作"有过"；德行薄而授爵高的人，叫作"有失"。一个国家，宁可有过于君子，而不可有失于小人。因为，有过于君子，带来的怨恨浅；有失于小人，带来的祸乱深。因此，在一个国家里，如果有道德仁义不显著于朝廷而身居高位的人，真正贤良的大臣就得不到举荐重用；如果有功劳不表现于全国而享有优厚俸禄的人，真正有功劳的大臣就得不到物质鼓励；如果有主管事务并未取信于人民而做了大官的人，真正有才能的大臣就不能为国出力。若把君主这三个根本问题审察清楚了，臣下就不敢妄求官禄；若对这三个根本问题不加审察，奸臣就会与君主接近，君主宠幸的小人就会专权。这样一来，朝廷上君主耳目闭塞，社会中政令不通，正道被抛弃，邪恶的坏事就要一天天地多起来。若审察好这三个根本问题，君主左右那些受宠的小人就不会专权，道路上就会看不到在押的犯人，与官方疏远的百姓就不致蒙受冤狱之害，孤寡无亲的人们也就不会有不白之冤了。这就叫作：刑罚减少、政务精简，朝廷不必召集天下民众集中办事，各地都能实现自治。

【简析】

《管子》一书，是先秦时期齐国知识分子关于治国安邦之道的集体智慧结晶，书中记录齐桓公和管仲治国的成功经验，并考察历代和各国的兴衰，形成了一系列直到现在仍有重要参考价值的论述。如本文就认为，有三个根本问题是国家治乱的根源，最高统治者一定要加以审察和解决：一是大臣的品德与地位相称与否，二是大臣的功劳与俸禄相称与否，三是大臣的能力与官职相称与否。这三点说的实际上就是选任官员、考核官员的问题。文章认为，在选任官员的时候，要让有德行、功劳大和能力强的人担任官职；而考核官员，也就是要看他们的德行、功劳、能力是否配得上他们现在的俸禄地位。如果不配，就必须坚定地、不留情面地加以惩罚与罢免；如果超越了，就要加以提拔和奖赏。只有这样，才能让有德有功有才者在位、无德无功无才者失位。否则的话，小则尸位素餐、人浮于事，中则贤良捐弃、奸邪在位，大则上下不通、国家倾覆。因此，一国之君一定要把握好这三点，而且只要把握住了，就可以轻松地治国利民。因为任用的人有德有才，自然能处处建功立业，不劳君主躬身亲为，国家就可以治理好了。

猛狗社鼠，国之大患

宋人有酤酒者，升概①甚平，遇客甚谨，为酒甚美，县帜甚高著，然不售，酒酸。怪其故，问其所知。问长者杨倩，倩曰："汝狗猛耶？"曰："狗猛则酒何故而不售？"曰："人畏焉。或令孺子怀钱挈壶瓮而往酤，而狗迓而龁之②，此酒所以酸而不售也。"夫国亦有狗，有道之士怀其术而欲以明万乘之主，大臣为猛狗迎而龁之，此人主之所以蔽胁③，而有道之士所以不用也。

故桓公问管仲："治国最奚患？"对曰："最患社鼠④矣。"公曰："何患社鼠哉？"对曰："君亦见夫为社者乎？树木而涂之⑤，鼠穿其间，掘穴托其中。熏之，则恐焚木；灌之，则恐涂阤⑥：此社鼠之所以不得也。今人君之左右，出则为势重而收利于民，入则比周而蔽恶于君。内间⑦主之情以告外，外内为重⑧，诸臣百吏以为富。吏不诛则乱法，诛之则君不安。据而有之，此亦国之社鼠也。"

故人臣执柄而擅禁⑨，明为己者必利，而不为己者必害，此亦猛狗也。夫大臣为猛狗而龁有道之士矣，左右又为社鼠而间主之情，人主不觉。如此，主焉得无壅，国焉得无亡乎？

《韩非子·外储说右上》

【注释】

①升概：量酒器。

②迓（yà）而龁（hé）之：追上来咬。

③蔽胁：受到蒙蔽与挟制。

④社鼠：在社坛下掘穴而居的老鼠。社，指土地神，民间常筑坛植树来祭祀它。

⑤树木而涂之：古代建社坛时，常在立起的木板上涂一层泥。

⑥陁（zhì）：崩塌。

⑦间（jiàn）：窥探，侦察。

⑧外内为重：宫外的权臣和宫内的国君身边的人互相倚重。

⑨执柄而擅禁：掌握权势而操纵法令。

【译文】

宋国有一个卖酒的人，量酒非常公平（从不缺斤少两），待客非常殷勤，酿的酒非常醇美，酒旗挂得又高又显眼，但他的酒却卖不出去，都变酸了。他对此感到诧异，不知原因何在，就去问他熟悉的地方长老杨倩，杨倩说："你养的狗凶吗？"卖酒人说："为什么狗凶酒就卖不出去呢？"杨倩说："人们怕狗呀。有人让小孩子揣着钱、拿着壶瓮去买酒，猛狗却迎上来咬他，这就是酒变酸而卖不出去的原因。"国家也有猛狗，有才能的人怀有治国的策略，想使大国的君主明察，有些大臣却像猛狗一样迎上去乱咬，这也就是君主被蒙蔽和挟制，而有才能的人不能受到重用的原因所在。

所以齐桓公问管仲："治理国家最怕什么？"管仲回答说："最怕社坛里的老鼠呀。"齐桓公说："为什么要怕社坛里的老鼠呢？"管仲回答说："您曾看见过那些建社坛的人吗？把木头立起来涂上泥巴，老鼠咬穿了木头，挖洞藏身在里面。用烟火熏它吧，怕烧了木头；用水灌它吧，又怕涂上的泥巴掉下来：这就是捉不到社鼠的原因。现在君主身边的近侍，在朝廷外就卖弄权势，从民众那里榨取利益，在朝廷内就紧密勾结，在君主面前隐瞒自身的罪恶行径，在宫内刺探君主的情况告诉宫外的同党，内外勾结，助长权势，群臣百官也依附他们获得富贵，官吏不诛杀他们，国法就要受到扰乱，诛杀他们，君主就不得安宁。他们将国家权益都占为己有，也就是国家的社鼠啊。"

所以臣子掌握权势，操纵法令，向人表明：为他卖力的人必有好处，不为他卖力的人必有祸患，这也就是猛狗啊。大臣既像猛狗一样迫害有才能的人，左右近侍又像社鼠一样刺探君主的内情，而君主都不能察觉。这样，君主怎能不受蒙骗，国家怎能不衰亡呢？

【简析】

本文写了两个故事，一是猛狗咬人，二是社鼠为患。作者以寓言故事的形式，揭露和鞭笞了古代专制社会中习见的丑恶现象：奸臣当权、妒贤嫉能、祸害朝野、蒙蔽君主。全文将当道的奸臣巧妙而贴切地比喻为猛狗和社鼠，刻画出了这类人的丑恶嘴脸，具有深刻的概括性、典型性与启发性。两个寓言故事的内容和寓意虽然大体一致，但又各有侧重：猛狗比喻排挤贤能的朝廷大臣，重在说明奸臣嫉贤妒能的危害；社鼠比喻蒙蔽君主的左右亲信，重在说明铲除奸臣的困难。两个故事都采取了夹叙夹议的论述形式，行文巧妙而富于变化。最后一段综合前面两个故事的寓意，说明一个国家如果有大臣如猛狗一般乱咬有道之士，国君的亲信又如社鼠一般窥探国君的私密情况，国君却不觉察，像这样的国君哪能不受蒙蔽呢？国家哪能不衰亡呢？最后以两个反问句强调了问题的严重性，向统治者敲响了警钟。

群党合意，以倾一君

夫众口毁誉，浮石沈木。群邪相抑，以直为曲。视之不察，以白为黑。夫曲直之异形，白黑之殊色，乃天下之易见也，然而目缪心惑者，众邪误之。

秦二世之时，赵高驾鹿而从行，王曰："丞相何为驾鹿？"高曰："马也。"王曰："丞相误邪，以鹿为马也。"高曰："乃马也。陛下以臣之言为不然，愿问群臣。"于是乃问群臣，群臣半言马半言鹿。当此之时，秦王不能自信其直目，而从邪臣之言。鹿与马之异形，乃众人之所知也，然不能别其是非，况于暗昧之事乎？《易》曰："二人同心，其义断金。"群党合意，以倾一君，孰不移哉！

人有与曾子同姓名者杀人，有人告曾子母曰："参乃杀人。"母方织，如故，有顷复告云，若是者三，曾子母投杼踰①垣而去。曾子之母非不知子不杀人也，言之者众。夫流言之并至，众人之所是非，虽贤智不敢自毕②，况凡人乎？

《新语·辨惑》

【注释】

①踰（yú）：翻越。

②自毕：弄清究竟，坚持到底。

【译文】

众人之口毁谤和赞誉的力量，足以让石头漂浮、木头下沉。在一群歪风邪气的人压制之下，正直的可以说成是弯曲的。如果看见了却不深入细致考察，就会不分黑白、颠倒是非。正直和弯曲的形状不一样，白色和黑色的颜色显著不同，这本是天下普通人都很容易看清楚的事实，但是如果眼睛还是看错了，内心还是犯糊涂，这是被许多奸邪之人误导的缘故。

秦二世的时候，赵高驾着一头鹿随从二世出行，秦二世问他说："丞相为什么驾着一头鹿呢？"赵高说："这是一匹马啊！"秦二世说："丞相错了，把鹿当作马了。"赵高说："这确实是一匹马啊！如果陛下认为我的话不对，希望陛下允许我问一问群臣。"群臣之中一半说是鹿，一半说是马。在这种时候，秦王都不能相信自己的眼睛而只能听从邪臣的话。鹿和马外形不同，这是普通人都了解的事实，但一国之君竟然不能辨别其中的是非，何况是面对那些本身就昏暗不明的复杂事务呢？《周易》里面说："两个人同心合意，其锋利程度能把金属切开。"如果一群结党营私的人联合起来，共同对付一个君主，哪一个国君能做到不会被他们所蛊惑！

有一个和曾子同名的人杀了人，有人去告诉曾子的母亲说："曾参竟然杀人了。"曾子的母亲这时候正在织布，听了这句话并没有受到影响，还是像刚才一样织布。过了不久又有人来这样告诉曾子的母亲，如此再三，曾子的母亲终于扔掉手中用来织布的梭子，翻墙逃跑了。曾子的母亲并非不了解一向孝顺仁义的儿子不会杀人，但是因为说的人太多了，也不能不信。可见如果流言一起蜂拥而来，本来是普通人都能轻易辨别的是非，即便是智者也不能弄清究竟、坚持到底，何况是普通人呢？

【简析】

陆贾编《新语》十二篇，旨在为刘邦总结前代治乱得失，语言通俗易懂，举例众所周知，逻辑环环相扣，观点发人深省。比如文中，陆贾即以"指鹿为马""曾参杀人"两个著名故事来警醒刘邦众口毁誉导致黑白颠倒的严重性。尤为可贵的是，陆贾借此将大臣结党营私夺取君权与残害贤良结合起来，过渡极为自然，故事和道理虽然都人所共知，但陆贾四两拨千斤的总结陈词却能令人读来深受启发和警醒。如果众口一词，即便智者也会糊涂。这种现象令读者很快想起"三人成虎"的著名故事。正所谓"众口铄金，积毁销骨"（众人的议论能使金属熔化，不断的毁谤能置人于死地。形容舆论力量大），对于普通百姓来说，流言、谣言、谎言一旦重复多次出现，蛊惑人心的力量就会非常强大。对于领导干部来说，阿谀逢迎、毁谤诬陷的言行一旦蜂拥而至，也必定难以明察秋毫、秉公独断。无论是作为普通百姓还是领导干部，要避免被众邪所惑，最根本的是"作事谋始"，不要让自己置身于众邪之中，时刻以"蓬生麻中不扶自直，白沙在涅与之俱黑"来警醒自己如何与人相处结交。否则，一旦置身其中，必定难以自主，悔之晚矣！

制度：

礼法是社会稳定的保障

中国古代崇尚以德治国、化民成俗,落实到制度层面,是以礼治为主、法治为辅,形成了一整套标本兼治、巨细无遗的礼法制度,并将其作为国家治理的根本依据。古人云:"圣王在上,经国序民,正其制度。"强调以根本性、系统性、稳定性、长期性与规范化、程序化、协同化、具体化的制度建设,为国家繁荣、人民安康、社会和谐提供基础保障。一个国家的制度体系是否科学合理、严密规范,直接影响其优势和效能能否发挥。制度稳则国家稳,制度强则国家强。如何续写"中国之制"以推进"中国之治",实现民族复兴,正是当代中国人推进制度建设的时代使命。

治国无礼，犹瞽无相

子曰："礼者何也？即事之治也。君子有其事必有其治。治国而无礼，譬犹瞽之无相^①与，伥伥乎其何之？譬如终夜有求于幽室之中，非烛何见？若无礼，则手足无所错，耳目无所加，进退、揖让无所制。是故以之居处，长幼失其别，闺门、三族失其和，朝廷、官爵失其序，田猎、戎事失其策，军旅、武功失其制，宫室失其度，量、鼎失其象，味失其时，乐失其节，车失其式，鬼神失其飨，丧纪失其哀，辨说失其党，官失其体，政事失其施。加于身而错于前，凡众之动失其宜，如此，则无以祖洽于众也。"

《礼记·仲尼燕居》

【注释】

①相：引导、辅助盲人行走的人。

【译文】

孔子说："礼是什么呢？礼就是做好事情的办法。君子有要做的事情，必定也有做好事情的办法。治理国家而没有礼，那就好比盲人走路而没有助手，迷迷茫茫要去往哪里呢？又好比整夜在暗室中寻找东西，没有蜡烛能看见什么？如果没有礼，就会不知手脚该往哪儿放，不知耳朵该听什么，不知眼睛该看什么，在社交场合是该进还是该退，该作揖还是该谦让，所有言行全都没有合理的规范。这样一来，在日常生活中，长辈晚辈也就没有了区别，家庭内部的父族、母族、子族之间也就无法和睦，朝廷内的官爵也次序混乱，田猎和军事训练也毫无计划策略，军事活动和军功评选也没有了规矩约束，宫室的建造也没有法度可循，量与鼎的制造也失去了符合法制的分寸。五味和四时乱配，音乐娱乐毫无节制，车辆的制造也不依照固有规矩，祭祀鬼神的规格错乱，丧事办得不像充满哀痛的丧事，有所分辨的陈说却反而让道理更加晦暗不明，百官职守没有体制准则的规范，政府事务不能顺利施行。在这种情况下去身体力行，那就会抬手动脚都出毛病，这样一来，就会无法领导和团结百姓了。"

【简析】

本文强调"礼"是治国的根本，提出"治国而无礼，譬犹瞽之无相与"的著名论断，明确指出治理国家而没有礼节，就好像是盲人没有引路人，又像身处黑暗的房间寻找东西而没有蜡烛照明。所以，一个国家在各个行业、各个阶层必须都制定合理的礼节。对于一个国家来说，没有礼，就像"没有规矩，不成方圆"一样。古代圣贤与明君都强调"以礼治国"，这种精神与观念在《礼记》中有很多非常经典的总结性论述，比如："为政先礼，礼，其政之本与"认为治理国家首先应该重视礼，以礼治国，是政治的根本；"安上治民，莫善于礼"认为让国君安稳、将百姓管理好，没有比礼更有用的了；"君臣上下，父子兄弟，非礼不定"认为不同地位、不同身份的人，必定要依靠礼仪规范，才能和谐共处；"人有礼则安，无礼则危"认为一个人必须遵循礼法，才能安全地活着，没有礼法，一定会陷入危险之中；"失之者死，得之者生"认为失去礼法的人和国家会灭亡，得到礼法的人和国家才能存活。这些名言警句虽然都总结得很深刻，表达得也很精简，但是与本文的"治国而无礼，譬犹瞽之无相与"相比，确实没有这句话令人警醒与过目难忘。因此，这句话堪称《礼记》中"以礼治国"思想诸多经典言论中的画龙点睛之笔。

人命在天，国命在礼

彼国者，亦强国之剖刑^①已。然而不教诲，不调一，则入不可以守，出不可以战；教诲之，调一之，则兵劲城固，敌国不敢婴^②也。彼国者亦有砥厉，礼义节奏是也。故人之命在天，国之命在礼。人君者隆礼尊贤而王，重法爱民而霸，好利多诈而危，权谋倾覆幽险而亡。

威有三：有道德之威者，有暴察之威者，有狂妄之威者。此三威者，不可不孰察也。礼义则修，分义则明，举错^③则时，爱利则形，如是，百姓贵之如帝，高之如天，亲之如父母，畏之如神明，故赏不用而民劝，罚不用而威行，夫是之谓道德之威。礼乐则不修，分义则不明，举错则不时，爱利则不形，然而其禁暴也察，其诛不服也审，其刑罚重而信，其诛杀猛而必，黭然^④而雷击之，如墙厌^⑤之，如是，百姓劫则致畏，嬴则敖上^⑥，执拘则最，得间则散，敌中则夺，非劫之以形势，非振之以诛杀，则无以有其下，夫是之谓暴察之威。无爱人之心，无利人之事，而日为乱人之道，百姓讙敖^⑦则从而执缚之，刑灼之，不和人心，如是，下比周贲^⑧溃以离上矣，倾覆灭亡可立而待也，夫是之谓狂妄之威。此三威者，不可不孰察也。道德之威成乎安强，暴察之威成乎危弱，狂妄之威成乎灭亡也。

《荀子·强国》

【注释】

①刑：通"型"，浇铸器物的模子。

②婴：通"撄"，触犯。

③错：通"措"。

④黭（yǎn）然：突然。

⑤厌：同"压"。

⑥赢则敖上：一旦管理过于宽缓放松（百姓）就会傲视君主。赢，通"赢"，盈余。敖，通"傲"。

⑦讙敖：怨声沸腾。讙，通"欢"，喧哗。敖，通"嗷"，嘈杂。

⑧贲（bēn）：奔走，快跑。

【译文】

那些所谓的国家，如同刚打开模子的宝剑一样，也是强国的雏形。然而不对人民进行教诲，不协调统一，那么在境内就不能守护国土，出境外作战也不能胜利；教诲他们，协调统一他们，那么兵力就强劲，城池就坚固，敌国就不敢来进犯。所谓国家也是有磨砺的，那就是礼制和法度。所以人的命运取决于上天，国家的命运取决于礼制。做君主的人尊崇礼制、重视贤能就能称王天下，重视法制、爱护人民就能称霸天下，喜好利益、行为欺诈就会危险，玩弄权谋、钩心斗角互相陷害、阴暗险恶就会灭亡。

威严有三种：有道德的威严，有严酷督察的威严，有放肆妄为的威严。这三种威严,不可不仔细考察。礼乐制度完善,名分道义明确,采取措施合宜,爱护人民能通过利民举措体现出来,像这样的人,百姓就会像对待君王那样尊重他,像对待上天那样景仰他,像对待父母那样亲近他,像对待神灵那样敬畏他,所以奖赏不用而民众卖力,刑罚不用而威力扩展,这就叫作道德的威严。礼乐制度不完善,名分道义不明确,采取措施不合时宜,爱护人民不能通过利民举措落实下来,但能禁止暴乱明察是非,惩处不服的人能审慎有加,施行刑罚虽重但能取信于民,处决犯人严厉而坚决,突然行动就像雷电闪击一样,就像墙壁倒塌一样,像这样,百姓受到威逼胁迫就会产生畏惧,一旦管理宽缓放松就会傲视君主,强行集中虽然会聚在一起,但是一得到机会就四散逃跑,敌人一利诱就会被敌人争取过去,君主如果不用权势地位去威逼胁迫他们,不用惩罚杀戮去震慑他们,就无法控制臣民,这叫作严酷督察的威严。没有爱护人民的心肠,不做有益于人民的事情,而天天干着扰乱人民的歪门邪道,百姓如果怨声沸腾就逮捕他们,对他们严刑拷打,而不去调和民心,像这样,臣民就会结伙离开,君主的垮台灭亡就会马上到来,这叫作肆意妄为的威严。这三种威严,不可不仔细考察。道德的威严最终会让国家安定强盛,严酷督察的威严最终会让国家危险衰弱,放肆妄为的威严最终会让国家灭亡。

【简析】

荀子在本文中着重阐述了儒家的强国之道。在荀子看来，一个国家的强大不是自然而然就可以形成的，用他的话说，必须加以砥砺。那么，用什么来砥砺国家呢？要用礼义。所谓礼义，包含两个内容，一个是礼——礼乐制度，一个是义——群体分工协作之义。群体分工协作之义是荀子立论的一个基础，在他看来，人之所以为人，在于他的组织性、社会性、制度性。人的力量、速度、敏捷度等都不如禽兽，却能役使禽兽，就在于人的社会性最强，人能通过一定的制度很好地组织起来，从而获得远远超过禽兽的能力与智慧。因而，如何最好地组织人，是国家能强大的关键，也是统治者应思考的重要问题。在荀子看来，肆意妄为的组织方式，只会令人民离心离德，根本无法组织起社会与国家，严刑酷法虽然能令人民暂时地组织起来，却不具备持久性和凝聚力。只有通过礼乐制度来组织人民，才能使百姓真正形成合力，获得民心的大力支持，从而获得长久的、稳固的社会支撑。因为礼乐制度是完全按照人的本性所具有的理智、情感、意志而制定的一套制度，它以礼来规范人们日常的行为，使人们的行为符合理智；以乐来疏导人们的情感意志，确保人们情感的抒发、意志的发动能够适度。所以统治者修行礼乐制度，就可以使自身道德高尚，可以使各级官员职责明确，可以使百姓行为有理可循，这样统治者便具有道德之威，便会受到百姓的拥戴，国家便会强大起来。

明立法制，官民守度

法制不议，则民不相私；刑杀毋赦，则民不偷于为善；爵禄毋假，则下不乱其上。三者藏于官则为法，施于国则成俗，其余不强而治矣。

君壹置其仪，则百官守其法；上明陈其制，则下皆会其度矣。君之置其仪也不一，则下之倍法而立私理者必多矣。是以人用其私，废上之制而道其所闻。故下与官列法，而上与君分威，国家之危必自此始矣。昔者圣王之治其民也不然，废上之法制者，必负以耻；财厚博惠以私亲于民者，正经而自正矣。乱国之道，易国之常，赐赏恣于己者，圣王之禁也。圣王既殁，受之者衰。君人而不能知立君之道，以为国本，则大臣之贽下而射人心者必多矣。君不能审立其法，以为下制，则百姓之立私理而径于利者必众矣。

《管子·法禁》

【译文】

法制公正不容私议，人们就不敢相互营私舞弊；死刑不容宽赦，人们就不敢轻视为善去恶；君主授爵赐禄的大权不假手于他人，臣下就不会作乱以下犯上。这三件事掌握权在官府就形成法令，推行到全国就成为风俗，其他事情不用费力也可以治理好了。

国君统一立法，百官就都能守法；上面把制度公开，下面行事就都能合于制度。如果国君立法不能统一，下面违背公法而另立私理的人就必然增多。这样人人都行其私情私理，不行上面的法制而宣传个人的主张。所以，百姓与官府法则对立，大臣与君主争夺权威，国家的危险，一定就从这里开始了。从前，圣王治理人民就不是这样，对于不执行君主公法的，一定给予惩处让其感到耻辱；这样做，那些用大量钱财和到处施惠来收揽人心的人，必定会被公法纠正过来。扰乱国家的常法正道、擅改朝廷的定制常规，肆意私下赏赐互相拉拢的行为，这是圣王必须禁止的。圣王去世以后，后继者就差多了。统治人民而不懂树立为君之道，并以此为立国的根本，大臣们拉拢下级而收买人心的，就一定多了。为国君而不能审定立法，以此作为下面的规范，百姓当中自立私理而直接追求私利的，也一定多了。

【简析】

《管子》一书中有关礼、法的思想内容丰富、论述深刻。"法"是书中出现次数较多的词，对后世影响很大。春秋时期齐国也因管仲尊重民意，重视礼法，对内政、外交进行重大改革而日益强盛，齐桓公因此成为"春秋五霸"之首。

《法禁》是《管子》中重要的一篇，也是中国古代法家思想的重要篇章，本文是该篇前两段。《法禁》篇列举了对官员应该依法禁止的行为，如禁"擅国权以深索于民者"（擅自使用国家权力搜刮人民），禁"其身毋任于上者"（不肯为朝廷任职办事），禁"毋事治职，但力事属，私王官，私君事，去非其人而人私行者"（不干自己职责分内的公事，只是努力拉拢发展下属，私自行使职权任用国家官吏，假公济私，私自决定君主的国家大事，极力排除异己以方便私自行事），禁"交人则以为己赐，举人则以为己劳，仕人则与分其禄者"（将为国家结交人才当作自己的恩赐，将推荐人才当作自己的功劳，任用人才又从中分取俸禄），禁"以朋党为友，以蔽恶为仁，以数变为智，以重敛为忠"（以结纳朋党为友爱，以包庇罪恶为仁慈，以投机善变为智慧，以横征暴敛为忠君），等等。《法禁》篇开头两段开宗明义、统摄全篇，主要讲述法禁的重要性，提出了统一立法、制度公开、执法必严等重要思想。管仲的法禁思想，对当时官吏的政治行为进行约束，对其道德行为也进行了规定，可谓细致具体、周到全面，对于今天的法制工作和反腐败工作同样也有重要借鉴意义。

奉法度者强，则国强

国无常强，无常弱。奉法者强，则国强；奉法者弱，则国弱。……

故当今之时，能去私曲①就公法者，民安而国治；能去私行行公法者，则兵强而敌弱。故审得失有法度之制者，加以群臣之上，则主不可欺以诈伪；审得失有权衡之称者，以听远事，则主不可欺以天下之轻重。今若以誉进能，则臣离上而下比周；若以党举官，则民务交而不求用于法。故官之失能者其国乱。以誉为赏，以毁为罚也，则好赏恶罚之人，释公行，行私术，比周以相为也。忘主外交，以进其与，则其下所以为上者薄矣。交众、与多，外内朋党，虽有大过，其蔽多矣。故忠臣危死于非罪，奸邪之臣安利于无功。忠臣之所以危死而不以其罪，则良臣伏矣；奸邪之臣安利不以功，则奸臣进矣：此亡之本也。若是，则群臣废法而行私重，轻公法矣。数至能人之门，不一至主之廷；百虑私家之便，不一图主之国。属数虽多，非所以尊君也；百官虽具，非所以任国也。然则主有人主之名，而实托于群臣之家也，故臣曰：亡国之廷无人焉。廷无人者，非朝廷之衰也。家务相益，不务厚国；大臣务相尊，而不务尊君；小臣奉禄养交，不以官为事。此其所以然者，由主之不上断于法，而信下为之也。故明主使法择人，不自举也；使法量功，不自度也。能者不可弊，败者不可饰,誉者不能进,非者弗能退,则君臣之间明辨而易治,故主雠②法则可也。

《韩非子·有度》

【注释】

①私曲:私利。

②雠(chóu):用,运用。

【译文】

一个国家没有永久的强大,也没有永久的衰弱。严守法度的人强大,国家就会强大;严守法度的人弱小,国家就会衰弱。……

在当今这个时代,能去除以权谋私而追求公法的国家,就会人民安定而国家大治;能去除私利而奉行公法的国家,就会兵强而使敌人衰弱。所以审查得失有规范法度的君主,能驾驭群臣,就不会被臣下狡诈虚伪的手段所欺骗;审查得失有合理权衡的君主,能听取远方的意见,就不会被臣下用天下的轻重来欺骗。现今如果根据声誉来提拔人才,臣下就会背离君主而在下面相互勾结;如果以朋党关系来推举官吏,那么臣民就会专心结交同党而不求按照法度规则获得任职机会。于是官吏们就会失去治国能力,国家就会混乱。以声誉来奖赏,以毁谤来惩罚,那么喜好奖赏、厌恶惩罚的人,就会抛弃公正的法度,玩弄阴谋、结党营私、互相吹捧。他们会不顾君主的利益进行私交,并进用他们的党羽，那么为上级着想和尽心尽力的下级也就少了。交结广泛、党羽众多，在朝廷内外结成朋党，虽然他们犯了大错，但为他们掩蔽罪责的人很多。于是忠臣在无罪的情况下也会遭受危难与死亡，而奸臣却在无功的情况下得到利益。忠臣遭受到危难与死亡并不是因为有罪，于是贤良的臣子就会退隐了；奸邪的臣子得到利益并不是因为有功劳，那么奸臣就会得到进用：这就是国家灭亡的根本原因。像这样，群臣就会废弃固有法度而行使私权，轻视公法。他们会屡次登门拜访能干之臣的家门，却一次也不到君主的朝廷上；百般考虑私家利益，却一点也不为君主图谋。这样的下属即使人数众多，但他们并不尊重君主；各种官员即使都完备了，但并不真能担当国家大事。虽然君主还有君主的名义，而实际上却是依附于群臣私门才能处理国事，所以我说：要亡国的朝廷上没有人。朝廷上没有人，并不是说朝廷中的臣子少了。下面的人致力于互相营私牟利，而不致力于国家富裕；大臣致力于互相推崇，而不致力于尊重君主；小臣拿着俸禄去私下结交党徒，而不把官职当回事。之所以造成这样的情况，是由于君主在上不能以法度为决断标准，而任由臣子去处理事情。所以明智的君主使用法度来选择人才，不凭自己的主观意志来选拔；使用法度来衡量功劳，不凭自己的感觉来估量。只有这样，有才能的人才不会被埋没，失败的人也不能得到粉饰，徒有虚名的人不能得到进用，无辜被非议者不会被降职罢官，那么君臣之间的权力与作用都能清晰分辨，国家治理起来也比较容易，所以君主只要使用法治就可以了。

【简析】

韩非子认为，国家的强弱是可以变化的，变化的关键则在于这个国家是否以法度为治理的根本。在他看来，依法而治，就是公正的治理，那样可以使贤能在位；不遵循法治，就会营私舞弊，使得小人在位。两者的不同最终将导致国家强弱的差异。

韩非子的这一论述是有清楚的论辩对象的，那就是当时的儒家和墨家，后两者都认为，良好的政治是贤人政治，国家的治理最终依靠的是贤人在位，法令只是第二位的。但以韩非子为代表的法家则指出，国家治理需要依靠的是稳定的、不变的、无私的东西，而只有法规才是符合这些标准的。至于儒家、墨家提倡的贤人，不仅是不稳定、可变的，而且会导致徇私舞弊。首先，什么样的人是贤人就是一个难以把握的问题，不同的贤人定义可能导致不同的结果。其次，如何选拔和任用贤人更是个巨大的难题，选拔方式极可能导致权力被误用甚至滥用。最后，贤人政治意味着国家是人治为本，那样的话，人们就不会以法令为依归，而会以人为依归了。所以，韩非子坚决反对贤人政治，主张法治。应当说，韩非子的这一说法颇有道理，他看到了人治的可变性和法治的稳定性。但是，他却忽视了法治说到底也是需要人来执行的，所以片面地强调法治也会造成很多问题，这也是我们现代政治需要注意的一点。

不轨不物，谓之乱政

五年春，公将如棠观鱼者。臧僖伯谏曰："凡物不足以讲大事，其材不足以备器用，则君不举焉。君，将纳民于轨物者也。故讲事以度轨量谓之轨，取材以章物采谓之物，不轨不物，谓之乱政。乱政亟行，所以败也。故春蒐、夏苗、秋狝、冬狩[1]，皆于农隙以讲事也。三年而治兵，入而振旅，归而饮至，以数军实。昭文章，明贵贱，辨等列，顺少长，习威仪也。鸟兽之肉不登于俎，皮革、齿牙、骨角、毛羽不登于器，则公不射，古之制也。若夫山林川泽之实，器用之资，皂隶之事，官司之守，非君所及也。"公曰："吾将略地焉。"遂往，陈鱼而观之，僖伯称疾，不从。书曰"公矢鱼于棠"，非礼也，且言远地也。

《左传·隐公五年》

【注释】

①春蒐（sōu）、夏苗、秋狝（xiǎn）、冬狩（shòu）：古代对于君王在不同季节狩猎的不同称法。

【译文】

鲁隐公五年春天，鲁隐公打算到棠邑去观赏渔人捕鱼。臧僖伯劝阻说："凡是不能用来演习祭祀与战争等国家大事、为国家制作礼器与兵器等有用器具的东西，国君就不要理会。国君的职责，是让人民的行为符合法度礼制的规定。所以，演习大事以端正法度叫作'轨'，选取材料以显现重要器物效用叫作'物'，不合法度也没有效用，就是乱政。乱政屡次出现，就会导致国家衰败。春猎称蒐，夏猎称苗，秋猎称狝，冬猎称狩，都是在农闲的时候演习军事作战。每隔三年就从国都出兵大演习一次，进入国都再好好整治军队，结束之后，祭告宗庙、宴请臣下、犒赏随从，以计算俘获的东西。彰显器物车服旌旗的风采，分清贵贱的区别，辨别等级次序，强调少年和老人的顺序，这是讲习国家的威仪。如果鸟兽之肉不用于祭祀，皮革、齿牙、骨角、毛羽不用于礼器与军用器物，国君就不亲自去射箭猎取，这是自古以来的制度。至于山林河泽的物产，把它们取来做一般日用品的材料，但那是下等差役与有关官吏的职责，国君不应该亲自参与。"鲁隐公说："我是要去巡视边境啊。"还是前往棠邑，让捕鱼者在那里陈设捕鱼的器具，加以观赏。臧僖伯推托有病，没有随从前往。史书记载"鲁隐公在棠邑陈设捕鱼器具"，意思是说，鲁隐公这一行动不合礼法，并且讥讽他去的地方远离国都。

【简析】

鲁隐公想去棠邑观看渔民怎样捕鱼。鲁国大夫臧僖伯听说后，便从传统的为君之道出发，认为国君的根本责任是让人民遵守规则，君主管理国家大事，否则就会"乱政"。若屡屡"乱政"，国家就会败亡。正因如此，他认为鲁隐公在非农闲、非狩猎的春季去观看捕鱼，乃是违背礼法制度的乱政行为。

周公建立了完整的礼乐制度，自此礼乐便成为自天子至庶人的行为规范与生活准则。在春秋时期，尽管礼乐的权威性受到了很大挑战，但在政治及日常生活中，礼仍然是最重要的评判标准。因此，尽管鲁隐公内心不以为然，但在表面上也无法否定臧僖伯的说法，最后以"吾将略地焉"为借口来实现他的个人私欲。

春秋时期之所以混乱，在某种意义上就是因为礼乐制度的崩溃、破坏、倾倒与颠覆。礼制意味着规则，统治者不遵守规则就难免放纵欲望、不约束个人行为。在今天，我们仍然需要建立规则意识，按照法律与道德的原则和标准去做事，才能避免社会陷入混乱，进一步建立和谐的社会风气与人际关系。

天下为公,无私于物

太宗初即位,中书令房玄龄奏言:"秦府旧左右未得官者,并怨前宫及齐府左右处分之先己。"

太宗曰:"古称至公者,盖谓平恕无私。丹朱、商均,子也,而尧、舜废之;管叔、蔡叔,兄弟也,而周公诛之。故知君人者,以天下为公,无私于物。昔诸葛孔明,小国之相,犹曰'吾心如称[1],不能为人作轻重',况我今理大国乎?朕与公等衣食出于百姓,此则人力已奉于上,而上恩未被[2]于下,今所以择贤才者,盖为求安百姓也。用人但问堪否,岂以新故异情?凡一面尚且相亲,况旧人而顿忘也!才若不堪,亦岂以旧人而先用?今不论其能不能,而直言其怨嗟,岂是至公之道耶?"

…………

贞观元年,吏部尚书长孙无忌尝被召,不解佩刀入东上阁门,出阁门后,监门校尉始觉。尚书右仆射封德彝议以监门校尉不觉,罪当死;无忌误带刀入,徒二年,罚铜二十斤。太宗从之。

大理少卿戴胄驳曰:"校尉不觉,无忌带刀入内,同为误耳。夫臣子之于尊极,不得称误,准律云:'供御汤药、饮食、舟船,误不如法者,皆死。'陛下若录其功,非宪司所决;若当据法,罚铜未为得理。"太宗曰:"法者非朕一人之法,乃天下之法,何得以无忌国之亲戚,便欲挠法耶?"更令定议。德彝执议如初,太宗将从其议,胄又驳奏曰:"校尉缘无忌以致罪,于法当轻，若论其过误，则为情一也，而生死顿殊，敢以固请。"太宗乃免校尉之死。

《贞观政要·公平》

【注释】

①称：通"秤"。

②被：通"披"，覆盖，遍及。

【译文】

唐太宗刚即位时，中书令房玄龄上奏说："秦王府的老部下还没有做上官的，都埋怨陛下，说前东宫太子和齐王府的部下都比他们先得到官职。"

唐太宗说："古时所谓的大公无私，是指宽容公正而无私心。丹朱、商均是尧、舜的儿子，而尧、舜却废黜了他们；管叔、蔡叔是周公的兄弟，而周公却把他们杀掉。由此可知，作为国家的君主，要以天下为公，不存偏私之心。从前诸葛孔明，只是一个小小的蜀国丞相，他还说'我的心就像秤那样公平，不能因人而异有轻重有别'，何况我如今还治理一个泱泱大国呢？我们的衣食都出自百姓，也就是说百姓的人力已奉献给了朝廷，而朝廷的恩泽却没有遍及民间，如今朝廷之所以要选择贤才，就是要安抚百姓。用人只需问能否胜任，怎能因新旧关系而区别对待呢？凡是见过一面的人尚且感到亲近，何况是旧下属，怎会忘掉呢？但如果才能不能胜任其职，怎能因为是我的旧下属就优先任用？如今你们不谈论他们能不能胜任，而只说他们有怨言，这难道是至公无私之道吗？"

…………

贞观元年（627年），吏部尚书长孙无忌曾经被皇帝召见，不解下腰间佩刀就向东走上阁门，走出阁门之后，监门校尉才发觉。尚书右仆射封德彝认为监门校尉没有觉察，其罪行该当处死；无忌失误带刀进入，应判刑两年、罚铜二十斤。唐太宗听从了他的建议。

掌管全国诉讼刑事案件的大理寺有一位少卿戴胄反驳道："校尉没有察觉，无忌带刀进入，都属于疏忽失误。臣子位于极度尊贵的地位，不可以用疏忽失误来开脱，按照律法上说的：'供给皇上汤药、饮食、舟船，不按照法规的人，都应当被处死。'皇上如果因看重他的功绩而从轻处理，这便不是司法部门所能够决定的；如果要按照律法，罚铜不符合法理。"唐太宗说："法律，不是我一人的法律，是天下的法律，怎么能够因为无忌是皇亲国戚，便要干扰司法呢？"于是让臣子们重新讨论如何定案。封德彝坚持他原来的想法，唐太宗即将顺从他的建议，戴胄又驳斥道："校尉因为无忌的缘故而获罪，按照法律当从轻处理，如果评判他们的过失，则是同样的，但两人所受刑罚却生死迥异，因此我坚持请求改判。"唐太宗于是便免除了校尉的死刑。

【简析】

《贞观政要》是记录唐太宗李世民一朝政治举措与君臣言行

的史料。本文为《公平》篇中的两则记载，记录了唐太宗对处理政事要追求公平的看法。

前一则是有关选贤任能的问题。李世民原本只是秦王，经过玄武门之变后，取得太子之位，后来才得以继承大统。因而他的臣下有秦王府元老和后来所收的前太子李建成、齐王李元吉的部下。在李世民登基后，他对旧臣与新臣两者没有差异对待，而是公平客观地以贤能与否分授官职，这就引起了秦王府老部下的不满。对此，李世民指出，国家选任官员，为的不是统治者一人之私，而是天下百姓的福泽，所以必须客观公平地选贤任能，只能以德行能力是否达到职位的要求为标准，而不能以亲疏关系为标准。

后一则是有关司法公正的问题。长孙无忌是李世民的大舅子，是皇亲国戚，当时又高居吏部尚书之职，属于正三品的朝廷重臣，所以在同一违法事件中，朝廷意欲对他的处理和六品的监门校尉有所不同。对此，以大理寺少卿戴胄为代表的国家最高司法部门进行了多次抗争，要求一视同仁地处理。李世民最终听从了司法部门的意见，意识到法律是针对天下所有人的法律，不能因为长孙无忌是皇亲国戚、高官重臣就予以宽容，而必须采取一律平等的态度处理。只有这样，才不算干扰司法，法律才能有权威性，人们才能真正地遵守法律。

总而言之，李世民认为：统治者处理政事，一定要客观公正；只有处事公正，人心才能归顺统一，社会风气才会焕然一新，真正的盛世才能到来。

放任刑法，天下困苦

人皆有不忍人之心，而众怒之不可犯，众怨之不可任，亦易喻矣。申、商之言，何为至今而不绝邪？志正义明如诸葛孔明而效其法，学博志广如王介甫而师其意，无他，申、商者，乍劳长逸之术也。无其心而用其术者，孔明也；用其实而讳其名者，介甫也；乃若其不容掩之藏，则李斯发之矣。李斯曰："行督责之术，然后绝谏争之路。"申不害曰："有天下而不恣睢，命之曰以天下为桎梏。"谏争绝，桎梏脱，则虽日劳于刑名文籍之中，而耽酒嗜色、佚游骄乐，可晏享而不辍。苟未忘逸豫之情者，恶能不以此为两得之术哉！

任法，则人主安而天下困；任道，则天下逸而人主劳。无一切之术以自恣睢，虽非求治之主，不能高居洸瀁①于万民之上，固矣。以孔明之淡泊而尽瘁也，以介甫之土木其形而好学深思也，然且乐奉名法者，何也？俭以耳目，勤以耳目，而心思从其康逸也。贤者且然，况令狐绹②、张居正之挟权势者哉！使读李斯之言，知其为导谀劝淫之术也，能勿靦然③而汗下与？

《读通鉴论·二世》

【注释】

①洸瀁（guāng yǎng）：肆意放纵的意思。

②令狐绹：唐大臣。

③觍然：同"腼然"，惭愧的样子。

【译文】

人都有恻隐不忍之心，懂得这个道理，众人的愤怒不可冒犯，众人的怨恨难以承受，也就不难理解了。申不害、商鞅的学说，为什么至今还没有断绝传人呢？诸葛亮那样志向端正、道义分明的人也效法他们的治国模式，王安石这样博学多才、志向广大的人也学习他们的思想精神，这没有别的原因，只是由于申、商的学说乃是一劳永逸之术。诸葛亮是无申、商之心而用申、商之术；王安石是用申、商之实而讳申、商之名；至于说毫不掩饰、躲藏，那李斯堪称是第一个敢于直言不讳的人。李斯说："对臣民都使用督察责罚的方法来让他们将精力都放在自保上，而后就可以杜绝他们总是去发现、劝阻、指责君主过错的谏争之路了。"申不害说："拥有天下却不能随心所欲，这就叫作以天下为束缚自己的脚镣和手铐。"断绝了臣民监督国君的劝谏抗争之路，就从囚禁自己的无形束缚中解脱出来了，那么即使终日劳碌于刑法、名分、文字、典籍之中，而自己沉醉于所喜好的美酒美色，安逸游玩、骄纵作乐，都可以尽情安享，一天也不中断。假若是一个没有忘记安逸享乐之情的人，他怎能不把申不害、商鞅的治国法术作为两全其美的策略呢！

完全以法治国，则君主安逸而天下困苦；以道治国，则天下安逸而君主劳顿。如果没有一定的手段和技巧来随心所欲地行事，即使是不求治理的君主，也不能高高地坐在万民之上，趾高气扬、耀武扬威，这是显而易见、理所当然的。像诸葛亮那样淡泊名利而又为国家鞠躬尽瘁的人，像王安石那样不注重外在形体修饰而只注重内在好学深思的人，尚且乐于奉行法家学说，这是为什么呢？因为他们虽然喜欢倾听民声，善于观察世情，不太注重声色娱乐，但内心深处却是追求安逸的。贤人尚且这样，更何况是令狐绹、张居正等大权独揽的人呢！假如他们读了李斯的言论，知道申不害、商鞅完全听凭法律的治国之术竟然是引导阿谀奉承、鼓励骄奢淫逸的方法，能不感到羞惭难当、汗如雨下吗？

【简析】

在儒家的政治视野之中，"法"向来是一种次级、辅助的治理方式。"道之以政，齐之以刑"（用政策命令来治理百姓，用名分刑罚来整顿百姓）代表的是严酷的法制教育，孔子认为这只能让百姓致力于思考如何避免刑法的处罚，而无法激发民众的道德心与羞耻感。相反，只有以道德、礼义施教才能深入人心，让人们产生"耻感"而自觉遵守伦理道德与社会规则。无论在效果还是价值上，"以德治国"在儒家那里一定是优于"以法治国"的，即便是汲取法治的观念，也一定以"德"为归宿。

然而，由于"法"手段严厉、见效迅速，历代的统治者与政治家都对其情有独钟。王夫之在这段话中提到的诸葛亮、王安石均属此类人。在王夫之看来,"法"乃为"乍劳长逸之术"(暂时辛苦却能一劳永逸的治国方式),制定出来之后依此而行就可以了。因此,君主便可以不理朝政,而有大量的时间与精力去贪图安逸享乐,更不用说提高自己的德性了。但问题在于,君主的安逸不只是毁灭了君主一人,天下百姓也终将无法获得幸福的生活。因此,王夫之认为君主和政治家不能贪图安逸,而必须像周公和孔子那样富于忧患意识,德主刑辅,才能在如履薄冰的谨慎之中砥砺德性、施行仁政。

施政：

施政是民富国强的保障

一个明确的施政方针是指导政府工作的核心原则，体现国家的意志和人民的期望，能够确保政策的连贯性和稳定性，既能舒民困、足民用，又能正民德、开民智，为社会可持续、高质量的发展提供有力的保障。荀子说："足国之道，节用裕民而善臧其余。节用以礼，裕民以政。"国家有了健全的政策制度，在具体实施之时，便须尽可能简化程序、增强实用性以期减少推行阻力。一方面，要尽量避免法令、禁忌过多地限制民众的意志，让百姓对法度与官员都产生抵触甚至厌恶的情绪，尽量做到放权于民，让民众自发形成合理的秩序，在此基础上聚集民众的力量，引导民众努力的方向，促进社会和谐与国家稳定。另一方面，政府兴办各种事业，须节约政务费用，同时，减轻民众税负，并帮助民众依靠政策富裕起来，最终实现民富国强。

清静自然，为天下正

太上①，不知有之；其次，亲而誉之；其次，畏之；其下，侮之。信不足焉，安有不信。悠兮②其贵言③，功成事遂，百姓皆谓我自然。

《道德经》第十七章

大成若缺，其用不弊。大盈若冲④，其用不穷。大直若屈，大巧若拙，大辩若讷。躁胜寒，静胜热。清静为天下正⑤。

《道德经》第四十五章

以正治国，以奇⑥用兵，以无事取天下。吾何以知其然哉？天下多忌讳，而民弥叛；民多利器，国家滋昏；人多知而奇物滋起；法令滋章，盗贼多有。是以圣人之言曰："我无为，而民自化；我好静，而民自正；我无事，而民自富；我无欲，而民自朴。"

《道德经》第五十七章

【注释】

①太上：最好的君王。

②悠兮：悠闲的样子，指无为而治。

③贵言：不轻易发号施令。

④冲：空虚的样子。

⑤正：端正，引申为模范、楷模之义。

⑥奇：奇谋。

【译文】

最好的君王，人们感觉不到他的存在；次等的君王，人们亲近并赞美他；再次等的君王，人们畏惧他；最差的君王，人们侮辱他。统治者的诚信不足，人们自然不相信他。最好的统治者悠然无为，不随便发号施令。事业成功了，老百姓们都说这是自然而然的。

最完美的东西就好像有缺陷一样，但是它的作用不会停止。最充盈的东西好像虚空一样，但是它的作用不会穷尽。最正直的东西就好像弯曲的一样，最灵巧的东西好像笨拙的一样，最雄辩的口才好像是口吃一样。运动能抵御寒冷，安静能制服炎热。清静无为可以成为天下的准则。

正道可以治国，奇谋可以用兵，但必须以无为的方式才能获得天下。我是怎么知道的呢？天下的禁忌越多，人们反叛得越厉害；人们的权谋越多，国家越陷于混乱；人们的巧智越多，邪恶的事情就连连发生；法令繁多明显，盗贼反而不断增加。所以圣人说："我不轻举妄为，人们就会自己化育；我喜好清静安祥，人们就会自然端正；我不多事扰民，人们就会自然富足；我没有个人贪欲，人们就会自然素朴。"

【简析】

这三章集中体现了老子政治哲学的核心观念，即统治者应该以无为、清静、自然、宽容的方式去治理天下，这样所获得的政治局面才是最理想的。在老子看来，统治者自身必须具有朴实诚信的素养，而非肆意妄为、咄咄逼人，绝不应过多地限制民众的意志；最完美的行政手段莫过于"无为""好静""无事""无欲"，即统治者应从行为、心态、欲望等方面去限制自己，知道自己的限度之所在，而相信民众的自发能力。所谓"清静为天下正""以无事取天下"，即在清静无为的政治状态之中，民众和政府相安无事，民众甚至根本不知道统治者的存在，感受不到丝毫的政治压力，呼吸安闲舒适的空气，生活于自然自由的氛围之中。这样，民众的自主性和自发性才能得到最充分的滋育与生长。老子认为，在统治者的"不干涉主义"之下，民众一定能够自发形成合理的秩序，因为他们最懂得自己的欲求与希望。老子这种放权于民的思想在当今时代无疑具有重要的启发意义，以其作为"施政为民"的传统文化资源，可以加快实现我国政府职能从"管理型政府"向"服务型政府"转变的时代要求。

道之以德，齐之以礼

子曰："道之以政，齐之以刑，民免而无耻。道之以德，齐之以礼，有耻且格。"

《论语·为政》

子贡问政。子曰："足食，足兵，民信之矣。"子贡曰："必不得已而去，于斯三者何先？"曰："去兵。"子贡曰："必不得已而去，于斯二者何先？"曰："去食。自古皆有死，民无信不立。"

《论语·颜渊》

子曰："道千乘之国，敬事而信，节用而爱人，使民以时。"

《论语·学而》

子张问仁于孔子。孔子曰："能行五者于天下为仁矣。""请问之。"曰："恭、宽、信、敏、惠。恭则不侮，宽则得众，信则人任焉，敏则有功，惠则足以使人。"

《论语·阳货》

【译文】

孔子说:"以政令来管理,以刑法来约束,百姓虽不敢犯罪,但不以犯罪为耻。以道德来引导,以礼法来约束,百姓有知耻之心,能自我约束而归于正道。"

子贡问怎样执政。孔子说:"确保丰衣足食、军事强大和人民信任。"子贡说:"如果不能同时做到,以上三项中哪项可以去掉?"孔子说:"去掉军事。"子贡说:"如果还不行,剩下二项中哪项可以去掉?"孔子说:"去掉衣食。自古以来人都难逃一死,缺少人民的信任,国家就要灭亡。"

孔子说:"治理具有千辆兵车的大国,应该事事认真,时时诚信,处处节约,爱护属下,让百姓服徭役要在农闲的时候。"

子张向孔子请教什么是仁。孔子说:"能在天下推行五种品德就是仁了。""请问是哪五种。"孔子回答:"庄重、宽厚、诚信、勤勉、慈惠。庄重就不会受侮辱,宽厚就会得到拥护,诚信就会受到重用,勤勉就能建立功业,慈惠就能够知才善任。"

【简析】

儒家的政治理念是一种"德治"或"仁政",即以伦理化、道德化的方式来推行教化。儒家认为,"德治"之所以优于"法治",是因为"法治"只能促成人们对法律的消极规避,无从激发人的羞耻之心,不能培养人的道德自觉;"德治"则能"标本兼治",通过对人的内在德性的培育,让人们产生羞耻之心,从而自觉地端正自己的思想,约束自己的行为。可以说,"德治"与"法治"并不冲突,只是弱化了程式化的强制束缚,是对"法治"的超越,体现着儒家更高明的政治追求、更美善的社会理想。

正所谓"君子之德风,小人之德草",民众的思想与行为并不能主动趋于良善,需要统治者的积极引导与教化。在孔子看来,如果统治者自己是道德楷模,便会引发民众的积极效仿。国家的强大之本不是经济富足、军事强大,而是民众对于政府的信任与支持,这才是决定国家未来走向的关键。如欲取信于民,统治者就要严谨认真、开源节流、因时制宜地施政,就要庄重、宽厚、诚信、勤勉、慈惠,以一种温润仁和的德性去对待民众、处理政事,以身作则、率先垂范,才会让民众心悦诚服、紧紧跟随。

"依法治国"与"以德治国"相结合是建设中国特色社会主义的题中之义,我们既要重视发挥法律的规范作用,也应重视发挥道德的教化作用,这样,法律和道德才能相辅相成、相得益彰。同时,领导干部在增强现代法律观念的同时,也应不断提高自己的道德水平,这样才能得到人民的自觉拥护,树立人民对社会主义道路的坚定信心。

内修七教，外行三至

孔子曰："吾语女：道者，所以明德也；德者，所以尊道也。是故非德不尊，非道不明。虽有国焉，不教不服，不可以取千里；虽有博地众民，不以其地治之，不可以霸主。是故昔者明主，内修七教，外行三至①。……内修七教而上不劳，外行三至而财不费。此之谓明主之道也。"

曾子曰："敢问不费、不劳，可以为明乎？"孔子愀然扬麋②曰："参！女以明主为劳乎？昔者舜左禹而右皋陶，不下席而天下治。夫政之不中，君之过也；政之既中，令之不行，职事者之罪也。明主奚为其劳也？昔者明主关讥③而不征，市廛④而不税，税十取一，使民之力，岁不过三日，入山泽以时，有禁而无征，此六者，取财之路也。明主舍其四者，而节其二者，明主焉取其费也？"

曾子曰："敢问何谓七教？"孔子曰："上敬老则下益孝，上顺齿⑤则下益悌，上乐施则下益谅⑥，上亲贤则下择友，上好德则下不隐，上恶贪则下耻争，上强果则下廉耻。民皆有别，则贞、则正，亦不劳矣，此谓七教。七教者，治民之本也，教定是正矣。上者，民之表也。表正，则何物不正？是故君先立于仁，则大夫忠，而士信、民敦、工璞、商悫⑦、女憧⑧、妇空空⑨。七者，教之志也。七者，布诸天下而不窕⑩，内诸寻常之室而不塞。是故圣人等之以礼，立之以义，行之以顺，而民弃恶也如灌。"

《大戴礼记·主言》

【注释】

①三至：三种最高的政治境界——"至礼不让而天下治，至赏不费而天下之士说，至乐无声而天下之民和"（最高级的礼仪无需谦让而可以让天下实现大治，最高级的奖赏并不耗费钱财而可以让天下的人才都深感喜悦，最高级的音乐没有声音而可以让天下的百姓都因此而和乐一团）。

②扬麋：扬眉。

③关讥：在关市稽查。

④市廛（chán）：市中店铺。

⑤顺齿：尊敬年长者。

⑥谅：通"良"，善良，美好。

⑦悫（què）：诚实。

⑧憧：纯洁。

⑨空空：憨厚。

⑩窕：未充满、有间隙。

【译文】

孔子说："我告诉你：道，是德行彰显的原因；德，是遵行大道的方法。所以道不通过伟大的德行来彰显就不会受人尊崇,德行不以大道为根本就不能光显于世。即使拥有一个国家,若不进行教化,百姓就不会信服,就不能凭借教化而让更多的百姓前来归附并将国土面积开拓至方圆千里那么广阔;虽然土地广大、人民众多,但是没有与之相匹配的治理方法,也不可能据此而成为霸主甚至王者。因此古代的明君们,对内推行七种教化,对外推行三种最优良的政治。……对内推行七教君主治理国家就不会劳累,对外达到三至就不会耗费国家财力。这就是明君的治国之道。"

曾子回答:"敢问老师:不花费、不劳累,就可以算明君了吗?"孔子扬眉严肃地说道:"曾参啊!你认为明君就一定要劳累吗?以前大舜治国,属下有大禹和皋陶作为左膀右臂,于是他不用离开座席亲自行动天下就治理好了。所以政治的不好,就是君主的过错;政令恰当,却不能推行,这才是具体办事的臣下的罪过。所以明君怎么会劳累呢?古代的明君在关卡处察看却不征税,设立市场却不收税,收税的标准是年收入的十分之一,使用民力一年不超过三天,进入山林湖泽开采自然资源按自然时令进行,某些领域国家有明令禁止而不是放开以后再征收重税,这是六种国家致富的政策。明君舍弃其中的四种,而对剩下的两种也很节制,所以明君怎么会花费巨大呢?"

曾子说:"敢问老师,什么是七教呢?"孔子说:"君上尊敬父母,普通民众就会更加孝顺;君上敬重年长的人,普通民众就会更加顺从兄长；君上乐善好施，普通民众就会更加有善心；君上亲近贤人，普通民众就会慎重择友；君上爱好德行，普通民众就会不隐瞒其过失；君上厌恶贪污，普通民众就会耻于争利；君上刚强果敢，普通民众就会知道廉耻。这样民众就都能分别善恶是非，坚守正道，行事端正，君上也就不必劳累于治国了，这就叫作七教。这七教，是治理百姓的根本，教化的目的就在于此。统治者，是普通民众的表率。表率端正，则普通民众自然就会变好。所以君上自己立身行事先要做到仁义，这样士大夫就会忠诚，人才就会讲究信义，民众就会敦厚，工人就会纯朴，商人就会诚实，少女就会纯洁，妇人就会愨厚。这七个方面，就是教化的准则。这七种教化，推行于天下就会覆盖所有的行为而不会有空隙，运用于普通人家也会畅通无阻而不会有滞塞。所以圣人以礼作为衡量尺度，以义作为立身标杆，推行起来会很顺利，而民众因此就会如同洗浴一样抛弃恶行、改过自新。"

【简析】

《主言》篇阐释了儒家的德政理论中有关无为而治和教化天下的道理。事实上，这两者是相通的，儒家正是通过自己的普遍教化来实现政治上的无为而治。儒家认为政治的根本在于教化，换句话说，儒家不认为政治就是政治权力的运作和政治利益的追求，而认为政治的最终目标是实现国家和人民的全面发展，国家的根本在于人，人的发展在于教育，所以政治的根本在于教化。

因此，这里将教化视为政治的根本所在，并将教化分为七类，即教化民众使之养成"敬老""顺齿""乐施""亲贤""好德""恶贪""强果"这七种道德。民众有了这七种道德，社会风气就会改善，国家治理就会良性循环。

而在教化过程中，儒家不仅仅对民众有要求，更对统治者有较高要求，比如这里的七教，儒家就认为首先是统治者自身要做到的。还需注意的是，这段话中特别提到了儒家所认可的经济政策。现代人一般认为儒家是重农抑商的，其实这是一种误解。儒家实际上是非常鼓励商业、鼓励自由经济政策的，我们看这里所写"昔者明主关讥而不征，市廛而不税……此六者取财之路也"，就是说，儒家认可的是商业自由流通、赋税少、有监督无压制的经济制度与政策。真正重农抑商的是以商鞅、韩非子为代表的法家，他们的学说才是中国古代社会重农抑商经济政策的主要根源。

审察民情，为政日新

或问："何以治国？"曰："立政。"曰："何以立政？"曰："政之本，身①也，身立则政立矣。"

或问："为政有几？"曰："思、斁②。"或问思、斁。曰："昔在周公，征于东方，四国是王；召伯述职，蔽芾甘棠③。其思矣夫！齐桓欲径陈，陈不果内，执辕涛涂。其斁矣夫！於戏！从政者审其思、斁而已矣！"或问："何思？何斁？"曰："老人老，孤人孤，病者养，死者葬，男子亩，妇人桑，之谓思。若污人老，屈人孤，病者独，死者逋④，田亩荒，杼轴空，之谓斁。"

为政日新。或人："敢问日新？"曰："使之利其仁，乐其义，厉之以名，引之以美，使之陶陶然，之谓日新。"

或问民所勤⑤。曰："民有三勤。"曰："何哉，所谓三勤？"曰："政善而吏恶，一勤也；吏善而政恶，二勤也；政吏骈恶，三勤也。禽兽食人之食，土木衣人之帛，谷人不足于昼，丝人不足于夜，之谓恶政。"

《法言·先知》

【注释】

①身：自己，此指以皇帝为代表的各级领导者。

②斁（yì）：厌弃。

③蔽芾（fèi）甘棠：《诗经·召南·甘棠》中的一句。据说周成王时，召伯巡行途中在棠树下处理政事，甚得百姓拥护。召伯死后，百姓不忍砍伐棠树，作此诗怀念他。

④逋：通"脯"，暴露。

⑤勤：忧虑，愁苦。

【译文】

有人问："怎样才能治理好国家？"扬子回答说："建立好的政治。"有人问："怎样建立好的政治？"扬子回答说："政治的根本在于皇帝自身。如果皇帝能加强自身的修养，做好表率，好的政治自然就会建立起来。"

有人问："治理国家有没有要抓住的关键？"扬子回答说："治理国家要抓住的关键是使百姓怀念，不使百姓厌恶。"有人问使百姓怀念是怎么回事，使百姓厌恶是怎么回事。扬子回答说："从前，周公率兵征伐东方，平息了管、蔡、商、奄四国的叛乱；召伯外出视察，为了不打扰老百姓而在矮小的甘棠树下处理政事。这就使百姓怀念呀！齐桓公攻打楚国，回兵时向陈国借道好走近路，由于大夫辕涛涂的反对，陈国没有同意，齐桓公就把辕涛涂抓了起来。这就使百姓厌恶呀！唉！掌权者关键是要思考明白什么事使百姓怀念，什么事使百姓厌恶罢了！"有人问："怎样做会使百姓怀念？怎样做会使百姓厌恶？"扬子回答说：“使所有的老人都得到赡养，所有的孤儿都得到抚育，病人能得到疗养，死者能得到安葬，男子能安定地从事耕作，妇女能安定地从事女工，这样就会让百姓怀念。若老人得不到赡养，孤儿得不到抚育，病人没有人照顾，死者暴尸于荒野，劳役繁重导致田园一片荒芜，赋敛过度导致百姓一无所有，这样就会让百姓厌恶。”

治理国家要天天有新气象。有人问："请问怎样做才能天天有新气象？"扬子回答说："使人们把自己的仁惠当作受益，把自己的义举当作快乐，并用称誉来勉励人们，用赞扬来引导人们，使人们能高高兴兴地做到这些，就能天天有新气象。"

有人问百姓所忧虑的是什么。扬子回答说："百姓有三种忧虑。"问："你所说的三种忧虑是什么呀？"扬子回答说："政策良好但官吏恶劣，是第一种忧虑；官吏良好但政策恶劣，是第二种忧虑；政策和官吏都恶劣，是第三种忧虑。如果当权者豢养许多珍禽异兽，使百姓穷得没有粮食吃；大肆装修亭台楼阁，使百姓穷得没有衣服穿；种田的人夜以继日地劳动，还满足不了当权者的嗜欲；纺织的人夜以继日地劳动，还满足不了当权者的奢侈。这就叫恶政。"

【简析】

扬雄是西汉末年著名的哲学家、文学家和语言学家，他有很强的儒家传道意识，专门效仿《周易》而作了《太玄》，效仿

《论语》而作了《法言》。不过《太玄》晦涩难懂，影响不大，《法言》则通俗易懂，表达的思想也很平实中正。《法言》模仿《论语》的语录体，一共分为十三卷，每卷语录三十章左右。《法言》中的《先知》卷主要讲述儒家治理国家的原则和方法，其实就是对先秦儒家修身治国之道的简要概括。本文所选的是《先知》卷第三至第六章，分别强调领导修养为立政之本，治国关键在于使百姓怀念不让百姓厌恶，治理国家应该天天有新气象，好的治国之道必须让政策、官吏都比较良好。第三章以身为立政之本明显来源于《论语》"政者，正也。其身正，不令而行；其身不正，虽令不从"等孔子语录。第四章无论是语言风格还是思想内容，都与《孟子》"与民同乐""老吾老以及人之老"等语录极为相似。第四章、第五章明显受到《大学》"民之所好好之，民之所恶恶之""苟日新，日日新，又日新"观念的影响。第六章则是对《论语》"尊五美屏四恶"与《孟子》"明君制民之产，必使仰足以事父母，俯足以畜妻子，乐岁终身饱，凶年免于死亡"两章的结合。扬雄将上述思想融为一体，体会如此亲切，表述如此自然，足见扬雄内心深处极为认同儒家理想的修身治国之道，儒家的民本观念与崇德精神自古以来都深得人心也由此可见一斑。

足国之道，节用裕民

　　足国之道，节用裕民而善臧①其馀。节用以礼，裕民以政。彼裕民，故多馀。裕民则民富，民富则田肥以易②，田肥以易则出实百倍。上以法取焉，而下以礼节用之，馀若丘山，不时焚烧，无所臧之。夫君子奚患乎无馀？故知节用裕民，则必有仁义圣良之名，而且有富厚丘山之积矣。此无它故焉，生于节用裕民也。不知节用裕民则民贫，民贫则田瘠以秽，田瘠以秽则出实不半，上虽好取侵夺，犹将寡获也，而或以无礼节用之，则必有贪利纠诿③之名，而且有空虚穷乏之实矣。此无它故焉，不知节用裕民也。《康诰》曰："弘覆乎天，若德裕乃身。"此之谓也。

　　礼者，贵贱有等，长幼有差，贫富轻重皆有称者也。故天子袾裷衣冕，诸侯玄裷衣冕，大夫裨冕，士皮弁服。德必称位，位必称禄，禄必称用。由士以上则必以礼乐节之，众庶百姓则必以法数制之。量地而立国，计利而畜民，度人力而授事，使民必胜事，事必出利，利足以生民，皆使衣食百用出入相掩，必时臧馀，谓之称数。故自天子通于庶人，事无大小多少，由是推之。故曰：朝无幸位，民无幸生。此之谓也。轻田野之税，平关市之征，省商贾之数，罕兴力役，无夺农时，如是，则国富矣。夫是之谓以政裕民。

《荀子·富国》

【注释】

①臧（cáng）：同"藏"，收存。

②易：耕作。

③诱（jiǎo）：通"挢"，取。

【译文】

让国家富足的方法是节约费用、使民众富裕，并妥善贮藏富余的粮食财物。节约费用依靠礼制，使民众富裕依靠政策。民众富裕，就意味着有盈余。实行使民众富裕的政策，民众会富裕，农田就会被多施肥并且得到精心的耕作，生产出来的谷物就会增长上百倍。国君按照法规征粮，臣民按照礼制节约使用，余粮就会堆积如山，即使时常焚烧，还是没有充足的地方贮藏它们。君主哪里还用担心没有余粮呢？所以，懂得节约费用、使民众富裕，就一定会享有仁爱、正义、圣明、贤德、善良的名声，而且还会拥有丰富得像山陵一样的积蓄。这没有其他的缘故，而是由于贯彻了节约费用、使民众富裕的方针。不懂得节约费用、使民众富裕，那么民众就会贫困，农田就会贫瘠而且荒芜，生产出来的谷物就还达不到正常收成的一半，国君即便巧取豪夺，仍将得到很少，如果不能按照礼制节约地使用，就一定会有贪婪搜刮的名声，而且还会有粮仓空虚、穷困贫乏的实际后果。这没有其他缘故，是因为不懂得节约费用、使民众富裕。《康诰》说："上天广阔无处不覆盖，像天那样做你也会有宽博的德性。"说的就是这个道理。

　　所谓礼，就是高贵的和卑贱的有不同的等级，年长的和年幼的有一定的差别，贫穷的和富裕的、权轻势微的和权重势大的都各有合适的规定。所以天子穿大红色的龙袍、戴礼帽，诸侯穿黑色的龙袍、戴礼帽，大夫穿裨衣、戴礼帽，士戴白鹿皮帽子、穿白色褶裙。德行必须和职位相称，职位必须与俸禄相称，俸禄必须与费用相称。士以上就必须用礼乐制度去节制他们，对平民百姓就必须用法度去统治他们。丈量土地多少来建立分封诸侯国，计算收益多少来役使民众，评估人的能力大小来授予工作，使民众一定能胜任自己的工作，工作一定能产生经济效益，而这种收益又足够用来养活民众，使他们穿的、吃的以及各种费用等支出都能和收入相抵，一定及时地把他们多余的粮食财物储藏起来，这叫作合乎法度。所以从天子直到老百姓，事情无论大小多少，都以此类推。所以说：朝廷上没有无德无功而侥幸获得官位的，百姓中没有游手好闲而侥幸生存的。说的就是这个。减轻农田山野的税收，整治关卡集市的赋税，减少商人的数量，少兴建需要百姓服劳役的土木工程，不要耽误农时，像这样，国家就会富裕了。这叫作用政策使民众富裕。

【简析】

　　在荀子看来，要使一个国家真正地强盛富裕，就必须坚持"节用裕民"这种开源节流、藏富于民的为政之道。"节用"

依靠的是礼制，就是根据不同的身份和等级去节约用度；"裕民"的目的是鼓励民众积极从事生产。

对于现代社会，明确尊卑关系的规范化礼制已经是明日黄花而不能适应今日之用了，但"礼"的本质即"节约"的精神必须得到继承与发扬。中华民族向来有着艰苦奋斗、勤俭节约的优良传统和美德，中央八项规定在新的历史条件下表明了我们仍然迫切需要厉行勤俭节约、反对铺张浪费，才能避免"舌尖上"或"车轮上"的腐败，才能进一步促成全民的节约意识和环保意识。

"裕民"是实现国家长治久安的基础。管仲说的"仓廪实而知礼节，衣食足而知荣辱"，同样是在呼吁让老百姓先富裕起来，实行富民政策。放眼中国历史，汉、唐等朝代之所以有着恢宏的大国气象，就是因为当时的统治者能够奉行休养生息或藏富于民的政策。在荀子看来，藏富于民可以激发民众的致富心理和生产热情，促进国家的实质性发展，也能够永葆国民的爱国热忱。也就是说，政府要通过提倡节俭、简化税收等手段让民众先富裕起来，才能真正促进社会的和谐与国家的稳定。

民可无货，不可有饥

仲长子①曰："天为之时，而我不农，谷亦不可得而取之。青春至焉，时雨降焉，始之耕田，终之簠簋②。惰者釜③之，勤者钟④之；矧夫⑤不为，而尚乎食也哉？"《谯子》⑥曰："朝发而夕异宿，勤则菜盈倾筐。且苟有羽毛，不织不衣；不能茹草饭水，不耕不食。安可以不自力哉？"

……刘陶曰："民可百年无货，不可一朝有饥，故食为至急。"陈思王曰："寒者不贪尺玉，而思短褐；饥者不愿千金，而美一食。千金尺玉至贵，而不若一食短褐之恶者，物时有所急也。"诚哉言乎！

神农、仓颉，圣人者也；其于事也，有所不能矣。故赵过始为牛耕，实胜耒耜之利；蔡伦立意造纸，岂方缣牍之烦？且耿寿昌之常平仓，桑弘羊之均输法，益国利民，不朽之术也。谚曰："智如禹汤，不如尝更。"是以樊迟请学稼，孔子答曰："吾不如老农。"然则圣贤之智，犹有所未达；而况于凡庸者乎？

《齐民要术·序》

【注释】

①仲长子：仲长统（180—220年），字公理，东汉末哲学家、文学家。著作有《昌言》。

②簠簋（fǔ guǐ）：两种用来盛黍稷稻粱的礼器。

③釜：古代容量单位，一釜为六斗四升。

④钟：十釜为一钟。

⑤矧夫（shěn fú）：况且。

⑥《谯子》：该书已失传，可能是三国蜀汉谯周（约201—270年）所著的书。

【译文】

仲长统说："自然有生化万物的时令，但我不去从事农业生产，也不能取得五谷。春天到了，下过适时的雨，开始耕种，最后能将食物盛在簠簋里。懒惰的人，收获的粮食只能用釜来称量，勤劳的人，收获的粮食可以用钟来称量；况且要是不劳动，哪里还有得吃？"《谯子》说："早晨一起出发去拾野菜，但晚上回来休息的时间却有不同，勤快的人回家晚，才可以寻到满筐的菜。就算家里有羽毛，但不织布还是没有衣服穿；人不能靠吃草喝水活着，不耕种便没有粮食吃。怎么能不自力更生呢？"

……刘陶说："百姓可以一百年没有货币，但不可以一天有饥饿，所以对于百姓来说粮食是最急需的。"曹植说："正在挨冻的人，不贪图直径一尺的宝玉，而只想得到一件粗布短衣；正在挨饿的人，不希望得到千斤黄金，而认为饱吃一顿饭更加美好。千斤黄金和直径一尺的宝玉，都是很贵重的，但有时反倒不如一顿饭或粗布短衣这种粗劣的东西，事物的需要紧急与否取决于不同时空环境中的具体遭遇。"这些话说得真有道理啊!

像神农、仓颉这样的圣人,仍有某些事是做不到的。所以赵过开始用牛来耕田,确实比神农的耒耜有用得多;蔡伦用心改进了造纸术,岂不是解决了用密绢和木片书写的烦恼?像耿寿昌建议设立的常平仓(为调节粮食价格、备荒救灾在各地设置的粮仓),桑弘羊所创立的均输法(通过调整物资运输和销售,减轻各地运送贡品的负担,同时增加中央政府财政收入),都是有益于国家、有利于百姓的永垂不朽的方法。谚语说:"哪怕你有禹和汤一样的聪明才智,还是不如亲身经历过。"因此,樊迟向孔子请求学习耕田的时候,孔子(因为没有亲身经验)便回答:"在这方面我不如老农。"以圣人和贤人的高超智慧,也还有未能通达的地方,更何况是一般人?

【简析】

贾思勰在《齐民要术》的序言中全面而深刻地表述了其农学思想,旁征博引,说理显明而深切,可谓隋唐以前我国古代农学思想集大成的光辉篇章。本文选自序言的第二部分,贾思勰在序言开篇第一部分提出了食为政首、要在安民、富而教之、力能胜贫等基本观念,再由本文从"不劳动便没有粮食吃"的角度将"力能胜贫"进一步提升到"生死攸关"的高度来警醒世人。本文首先引用仲长统和谯周的话,对比"勤劳的"和"懒惰的"两种人的不同结局。接着引用晁错的话说明两个道理:

一方面，懒惰的百姓不能指望圣明的帝王为他们安排好一切，不能衣来伸手饭来张口；另一方面，贤明的帝王必然把与百姓生命相关的五谷看得比衣食之外的金玉更为重要，这便将"生死攸关"的广度扩展到了整个国家。最后引用刘陶和曹植的话，又回到民生维艰的真实社会生活中，说明普通百姓对衣食的渴望有时要超过对金银珠宝的渴望，旨在使人深思"力农"具有跨越时空的伟大价值。因此，作者后文马上提到即使是神农、仓颉这样伟大的圣人，也有比不过普通人通过"力农"而发明创造有益于国家的东西。并不是因为这些圣人不够伟大，而是因为"农学思想"都来源于伟大的社会实践，即便至圣先师孔子也亲口承认"吾不如老农"。

从本文来看，贾思勰将仲长统、谯周、晁错、刘陶、曹植相提并论，将神农、仓颉与赵过、蔡伦、耿寿昌、桑弘羊相提并论，看似"不伦不类"，实则"唯用是举"，"力农英雄"不问出身，充分体现了作者力劝世人重农、力农的苦口婆心，读之令人肃然起敬。

欲民务农，在于贵粟

圣王在上而民不冻饥者，非能耕而食之，织而衣之也，为开其资财之道也。故尧、禹有九年之水，汤有七年之旱，而国亡捐瘠①者，以畜积多而备先具也。今海内为一，土地人民之众不避汤、禹，加以亡天灾数年之水旱，而畜积未及者，何也？地有遗利，民有馀力，生谷之土未尽垦，山泽之利未尽出也，游食之民未尽归农也。民贫，则奸邪生。贫生于不足，不足生于不农，不农则不地著②，不地著则离乡轻家，民如鸟兽，虽有高城深池，严法重刑，犹不能禁也。

夫寒之于衣，不待轻暖；饥之于食，不待甘旨；饥寒至身，不顾廉耻。人情，一日不再食则饥，终岁不制衣则寒。夫腹饥不得食，肤寒不得衣，虽慈母不能保其子，君安能以有其民哉！明主知其然也，故务民于农桑，薄赋敛，广畜积，以实仓廪，备水旱，故民可得而有也。

民者，在上所以牧之，趋利如水走下，四方亡择也。夫珠玉金银，饥不可食，寒不可衣，然而众贵之者，以上用之故也。其为物轻微易臧，在于把握，可以周海内而无亡饥寒之患。此令臣轻背其主，而民易去其乡，盗贼有所劝，亡逃者得轻资也。粟米布帛生于地，长于时，聚于力，非可一日成也；数石之重，中人弗胜，不为奸邪所利，一日弗得而饥寒至。是故明君贵五谷而贱金玉。

……………

方今之务，莫若使民务农而已矣。欲民务农，在于贵粟……神农之教曰："有石城十仞，汤池百步，带甲百万，而亡粟，弗能守也。"以是观之，粟者，王者大用，政之本务。

《汉书·食货志》

【注释】

①捐瘠：被遗弃的人和瘦弱的人。

②地著：定居一地。

【译文】

在圣明的君王统治下百姓不挨饿受冻，这并非是因为君王能亲自耕种粮食给他们吃，织布匹给他们做衣服穿，而是由于他能给人民开辟利用物资与钱财的道路。所以尽管唐尧、夏禹之时有过九年的水灾，商汤之时有过七年的旱灾，但那时没有因饿死而被抛弃的人和饿瘦的人，这是因为贮藏积蓄的东西多，事先早已做好了准备。现在全国统一，土地之大，人口之多，不亚于商汤、夏禹之时，又没有连年的水旱灾害，但积蓄却不如那时候，这是为什么呢？原因在于土地还有潜力，百姓还有余力，能长谷物的土地还没全部开垦，山林湖沼的资源尚未完全开发，游手好闲之徒还没全都回乡务农。百姓生活贫困了，就会去做奸滑、邪恶的事。贫困是由于不富足，不富足是由于不务农，不从事农业就不能在一个地方定居下来，不能定居就会离开乡土、轻视家园，像鸟兽一样四处奔散，这样的话，国家即使有高大的城墙、深险的护城河、严厉的法令、残酷的刑罚，还是不能阻止他们离开。

正在挨冻的人，并不期待能穿上多么轻巧暖和的衣服；正在挨饿的人，并不期待能吃上多么味道甘美的食物。挨冻挨饿的时候，就顾不得廉耻了。人之常情是一天不吃两顿饭就要挨饿，整年不做衣服穿就会受冻。那么，肚子饿了没饭吃，身上冷了无衣穿，即使是慈母也不能留住她的儿子，国君又怎能保住他的百姓啊！贤明的君主懂得这个道理，所以让人民从事农业生产，减轻他们的赋税，大量贮备粮食，以便充实仓库，防备水旱灾荒，因此也就能够保住拥戴自己的人民。

对于百姓，要看君主用什么办法来管理他们，他们追逐利益就像水往低处流一样，不管东南西北。珠玉金银这些东西，饿了不能当饭吃，冷了不能当衣穿，然而人们还是看重它，这是因为君主需要它的缘故。珠玉金银这些物品，轻便小巧，容易收藏，拿在手里，可以周游全国而没有饥寒的担忧。这就会使臣子轻易地背弃他的君主，而百姓也随便地离开家乡，盗贼受到了鼓励，犯法逃亡的人有了便于携带的财物。粟米和布帛的原料生在地里，在一定的季节里成长，收获也需要人力，并非短时间内可以成事；几石重的粮食，一般人拿不动它，也不为奸邪的人所贪图，可是这些东西一天得不到就要挨饿受冻。因此，贤明的君主重视五谷而轻视金玉。

……

当前的首要任务，莫过于让百姓从事农业。而要想使百姓从事农业，关键在于重视粮食……神农氏曾教导说："有七八丈高的石砌城墙，有百步之宽贮满沸水的护城河，上百万全副武装的兵士，然而没有粮食，那也是守不住的。"这样看来，粮食，是君王最有用的物资，是国家最根本的政务。

【简析】

汉文帝时期，出现了因商业发展而导致"谷贱伤农"的现象，晁错针对农业生产尚未完全恢复，粮食供应一直紧张，经济形势严峻，危及社会安定、边防巩固的实况，上奏了这篇脍炙人口的章疏——《论贵粟疏》。

晁错认为粮食蓄积多，则民心稳，统治稳固；要增加粮食蓄积，必须想办法使农民尽心于农业生产。但当时"谷贱伤农"，对国家的长治久安有很大影响，晁错由此提出"欲民务农，在于贵粟（重视粮食）"的观点。全文紧紧抓住这一观点，从带有根本性的社会实际出发，全面论述了"贵粟"的重要性，提出重农抑商、损有余补不足等一系列主张，这对当时发展生产和巩固国防，都具有一定的进步意义。晁错的观点对于当时扭转"谷贱伤农"的不良趋势是有重要指导价值的，对当今领导干部做好"三农"工作也有一定借鉴意义，应当有所批判地吸取运用。

工商皆本，贫愚并治

治天下者既轻其赋敛矣，而民间之习俗未去，蛊惑不除，奢侈不革，则民仍不可使富也。

何谓习俗？吉凶之礼①既亡，则以其相沿者为礼。婚之筐筥②也，装资也，宴会也；丧之含殓③也，设祭也，佛事也，宴会也，刍灵④也。富者以之相高，贫者以之相勉矣。

何谓蛊惑？佛也，巫也。佛一耳，而有佛之宫室，佛之衣食，佛之役使，凡佛之资生器用无不备，佛遂中分其民之作业矣。巫一耳，而资于楮钱⑤香烛以为巫，资于烹宰以为巫，资于歌吹婆娑⑥以为巫，凡斋醮祈赛⑦之用无不备，巫遂中分其民之资产矣。

何谓奢侈？其甚者，倡优也，酒肆也，机坊也。倡优之费，一夕而中人之产；酒肆之费，一顿而终年之食；机坊⑧之费，一衣而十夫之暖。

故治之以本，使小民吉凶一循于礼，投⑨巫驱佛，吾所谓学校之教明而后可也。治之以末，倡优有禁，酒食有禁，除布帛外皆有禁。今夫通都⑩之市肆，十室而九，有为佛而货者，有为巫而货者，有为倡优而货者，有为奇技淫巧而货者，皆不切于民用，一概痛绝之，亦庶乎救弊之一端也。此古圣王崇本抑末之道。世儒不察，以工商为末，妄议抑之。夫工固圣王之所欲来，商又使其愿出于途者，盖皆本也。

《明夷待访录·财计》

【注释】

①吉凶之礼：代指各类礼仪。这里指儒家理想中的西周礼制。

②筐筐（fěi）：盛物的竹器。这里指婚前男方给女方的聘礼。

③含殓：古时将珠玉放于死者口中，使其含之入棺。这里泛指入殓。

④刍灵：用茅草扎成的人偶。这里泛指陪葬物品。

⑤楮（chǔ）钱：祭祀时焚化的纸钱。

⑥歌吹婆娑：巫术仪式上的音乐和舞蹈。

⑦斋醮（zhàn）祈赛：统指祭祀活动。

⑧机坊：制造丝织品的作坊。

⑨投：抛弃，放逐。

⑩通都：四通八达的城市。

【译文】

治理天下的人即使能够减轻民众的赋税，但不改变民间的习俗，不去除蛊惑人心的邪术，不纠正奢侈的风气，那么百姓仍然不会富裕。

什么叫习俗？自从周礼的传承中断以后，民间就以沿袭的习惯为礼节。婚礼讲究的是聘礼、嫁妆和宴会；丧礼讲究的是入殓、设祭、佛事、宴会、陪葬。富家以此互相攀比，穷人为之倾家荡产。

什么叫蛊惑？指的是佛教和巫术。佛教供奉佛，要有寺院房产,有衣服饮食,有仆从杂役,凡是生活所需的器物无不具备,消耗掉民众一半的劳作产出。而巫术呢?要去买纸钱香烛,要宰杀烹煮牲畜,要请人歌舞奏乐,凡是各类法事祭典所需的全都要齐备,又消耗掉民众一半的资产。

什么叫奢侈?最严重的是戏曲艺人、酒家和制造丝织品的作坊。听艺人唱一晚上的戏,花费相当于一户中等人家的全部资产;在酒家吃上一顿饭,花费相当于全年的饭费;在丝织品作坊买上一件衣服,花费可以让十个人穿得温暖。

因此治本的办法,是让百姓的婚丧嫁娶都按照礼制来进行,至于禁绝巫术和佛教,那要等我说的学校教育产生效果之后才能做到。治标的办法,则是禁止戏曲艺人,禁止酒家,除了布帛以外禁止奢侈的衣服。现在大城市的市场店铺,十家中有九家,有做佛事生意的,有做巫术生意的,有做戏曲生意的,还有的卖些其他奇技淫巧的东西,都与民生无关,应该一律严格禁止,也算是补救时弊的一条途径。这才是古代圣王崇尚根本抑制末端的本意。世上的儒者不懂这个道理,把手工业和商业当成是末端,乱说要抑制工商。其实圣王很希望能够招致百工,也希望出现商人进行贸易,他们同样也是社会发展的根本。

【简析】

黄宗羲的《明夷待访录》具有很强的批判精神、启蒙观念与民本思想,提倡经世致用,反对专制迷信。比如《财计》这一篇中就提出了两个重要的观念。一个是治贫必须与治愚相结合。黄宗羲认为阻碍百姓富裕的原因主要有两个：其一是朝廷的赋税和徭役过重，由此他提出轻徭薄赋的口号；其二是百姓不良的消费习惯所造成的严重浪费，由此他提出"去习俗""除蛊惑""革奢侈"三项治贫措施，防止百姓因为攀比、迷信、纵欲等原因而变得更加贫穷。另一个是农业和工商业都是根本。传统中国以农业为本、工商为末，主张"重农抑商""崇本抑末"，黄宗羲身处资本主义工场手工业渐趋繁荣的明清之际，他清醒地认识到工商业在社会经济中的重要作用。他认为，把工商业视为细枝末端的行业而加以抑制，违背了圣贤爱民利民的民本思想，是无知的表现，在社会经济中，工商业和农业同样都是国家的根本，所以压抑工商业的传统政策必须改变。在黄宗羲之前，东汉王符也明确反对以工商为末，认为工商业中也有本有末，其中专为富贵之家享用而"损民贫国"的奢侈品的生产与消费是末。黄宗羲则进一步认为有关迷信、奢侈文化的非理性消费也是末，而工商业中使"国用得足""切于民用"的生活必需品都是本。相比而言，黄宗羲"工商皆本"的观点可谓将工商业的地位提升到了前所未有的高度。工商皆本和治贫与治愚相结合这两个充满了民本思想与经世致用精神的观念，彼此相辅相成，对于当代中国经济发展过程中扶贫救弊的崇本抑末之道仍然很有启发。

用财不费,兴利多矣

圣人为政一国,一国可倍也;大之为政天下,天下可倍也。其倍之非外取地也,因其国家,去其无用之费,足以倍之。圣王为政,其发令兴事、使民用财也,无不加用而为者,是故用财不费,民德不劳,其兴利多矣。

其为衣裳何?以为冬以圉寒,夏以圉①暑。凡为衣裳之道,冬加温、夏加清者,芊䱵②不加者去之。其为宫室何?以为冬以圉风寒,夏以圉暑雨,有盗贼加固者,芊䱵不加者去之。其为甲盾五兵何?以为以圉寇乱盗贼,若有寇乱盗贼,有甲盾五兵者胜,无者不胜,是故圣人作为③甲盾五兵。凡为甲盾五兵,加轻以利、坚而难折者,芊䱵不加者去之。其为舟车何?以为车以行陵陆,舟以行川谷,以通四方之利。凡为舟车之道,加轻以利者,芊䱵不加者去之。凡其为此物也,无不加用而为者,是故用财不费,民德不劳,其兴利多矣。

《墨子·节用上》

【注释】

①圉(yù):通"御",抵挡,防御。

②芊䱵(qū):疑为"鲜且",华美的样子。

③作为:制造。

【译文】

圣人在一国施政,一国的财物、利益可以加倍增长;大到施政于天下,天下的财物、利益可以加倍增长。这种财物、利益的加倍,并不是向外掠夺土地,而是根据国家情况,省去没有实际作用的浪费,因而足以财物、利益加倍。圣王治理政事,他发布命令、兴办事业、使用民力和财物,没有不是有益于实际才去做的。所以能使用财物不浪费,民众不劳苦,增加的利益就多了。

他们制造衣裳是为了什么呢?冬天用以御寒,夏天用以防暑。缝制衣服的原则,是冬天能增加温暖、夏天能保持凉爽,华美却不能增加实用的就省去。他们建造房子是为了什么呢?冬天用以抵御风寒,夏天用以防御炎热和下雨,有盗贼侵入就加固它,华美却不能增加实用的就省去。他们制造铠甲、盾牌和戈矛等五种兵器是为了什么呢?用以抵御外寇和盗贼。如果有外寇盗贼,拥有铠甲、盾牌等五种兵器的就胜利,没有的就失败。所以圣人制造铠甲、盾牌和戈矛等五种兵器。制造铠甲、盾牌和戈矛等五种兵器,只要轻便锋利、坚固难折就可以了,华美却不能增加实用的就省去。他们制造车、船是为了什么呢?车行于陆地,船行于水道,以此沟通四方。制造车、船的原则,是轻快便利就可以了,华美却不能增加实用的就省去。他们制造这些东西,无一不是有益于实用才去做的。所以用财物不浪费,民众不劳苦,他们增加的利益就多了。

【简析】

本文核心主张是"节用",即所谓"去其无用之费"。文章通过"圣王为政"之时"用财不费,民德不劳,其兴利多矣"的例子引出对"节用"的论述,并通过为何要制造"衣裘""宫室""甲盾五兵""舟车"的四次发问,阐述了治理国家以及民众生活无一不是有益于实际才去做的道理,进一步佐证其"节用"主张,体现出强烈的现实主义与实用主义色彩。

分析本文对"节用"主张的论证就会发现,墨家的"节用"与其"非攻"一样具有空想性。不论是治理国家还是个人的生活,必要的物资消耗是不可避免的,甚至在某种程度上,人类社会就是在不断地消耗资源的过程中进步的。现代心理学也证明,人类不仅仅有基本的生存需求,还有高于生存的更高层次的需求,比如审美需求,因此衣服不仅是一件保暖御寒的工具,同时还有装饰作用,而更多功能的实现意味着更多原材料的消耗。因此墨家学说只能在特殊时期昙花一现,而难以产生持久的历史和社会影响。但不可否认的是,"节用"思想对我们今天杜绝浪费、提倡节约还是有相当大的启示的。

圣人之治国,能团力

夫圣人之治国也,能抟①力,能杀力。制度察则民力抟,抟而不化则不行,行而无富则生乱。故治国者,其抟力也,以富国强兵也;其杀力也,以事敌劝民也。夫开而不塞,则知长;长而不攻,则有奸。塞而不开,则民浑;浑而不用,则力多;力多而不攻,则有虱。故抟力以壹务也,杀力以攻敌也。治国者贵民壹,民壹则朴,朴则农,农则易勤,勤则富。富者废之以爵,不淫;淫者废之以刑,而务农。故能抟力而不能用者必乱,能杀力而不能抟者必亡。故明君知齐二者,其国强;不知齐二者,其国削。

《商君书·壹言》

【注释】

①抟(tuán):把东西揉弄成球形,这里指聚集。

【译文】

圣明的君主治理国家,能聚集民众的力量,也能消耗民众的力量。制定制度时考虑仔细民众的力量就能集中,民众的力量集中了却不加以引导力量就发挥不了,民众为国家出力却不能使自己致富就会发生动乱。因此,治理国家的人,他聚集民众的力量是为了使国家富裕，使军队强大；消耗民众的力量，是为了消灭敌人鼓励民众立功。如果国君只打开为国出力受赏的门路，而不堵住为私人效力请托的门路，那么民众的智谋就会增长；民众的智谋增长了而不加以教育，那么就会发生邪恶的事。堵住私人门路而不打开为国家出力受赏的门路，那么民众就会糊涂愚昧；民众糊涂又不被使用，那么民众的力量就会多余而无用武之地；民众的力量不能通过正规的途径发挥出来，又不用来攻打敌国，那么就会产生奸邪危害社会。所以集中民众的力量用于专心务农，消耗民众的力量用来攻击敌人。治理国家贵在使民众努力的方向一致，民众心志专一就会淳朴，淳朴就会务农，民众务农就会变得勤劳，勤劳就会富裕。用官爵消耗富人的财产，他们就不会行为放纵；再用刑罚制止行为放纵的人，他们就会去务农。所以能集中民众力量而不能使用民众力量的国家一定会乱，只能消耗民众力量而不能集中民众力量的国家一定灭亡。因此英明的君主知道调剂好这两个方面，这个国家就会强大起来；如果君主不知道调剂好这两个方面，这个国家就会被削弱。

【简析】

本文主要阐述了"抟力"和"杀力"，即聚集和消耗的辩证关系。商鞅认为圣明的君主治理国家，首先必须明确制度，制度明确就能聚集民众的力量。但是，民众的力量集中并不是重点，而应该以合理的方式使用。聚集民众的力量于农事，国家就可以富裕，军队就能够强大；消耗民众的力量于战争，消灭敌人，民众就可以立功。只知消耗民力而不能聚集民力的国家一定会灭亡，只知聚集民力而不懂使用的国家也一定会灭亡。因此，商鞅认为，君主必须调剂好民力的聚集和消耗的关系，对于"抟"和"杀"这对辩证关系的运用，是国家强盛和衰弱的关键。显然，这样的一种辩证关系运用，也值得现代的领导干部体悟和借鉴。

革新：

革新是时代发展的要求

中国古代向以通经达权、因时成物为修身治国最高的智慧。被誉为群经之首、大道之源的《周易》中说："天地革而四时成，汤武革命，顺乎天而应乎人，革之时大矣哉！""穷则变，变则通，通则久。是以自天祐之，吉无不利。"商鞅变法时也说："苟可以强国，不法其故；苟可以利民，不循其礼。……治世不一道，便国不必法古。"新中国成立以后，邓小平同志很好地继承了这一变通革新的宝贵精神，他审时度势，以极大政治勇气力主改革开放，认为革命是解放生产力，改革也是解放生产力，提出了"把改革当作一种革命"的著名论断，突破了思想观念的障碍与利益固化的藩篱。这一重大国策让中国很快走上了富强之路。实践发展永无止境，解放思想永无止境，改革开放也永无止境。

可以强国，不必法古

君①曰："代立②不忘社稷，君之道也；错③法务明主长，臣之行也。今吾欲变法以治，更礼以教百姓，恐天下之议我也。"

公孙鞅④曰："臣闻之：'疑行无成，疑事无功。'君亟定变法之虑，殆无顾天下之议之也。且夫有高人之行者，固见负于世；有独知之虑者，必见骜⑤于民。语曰：'愚者暗⑥于成事，知者见于未萌。''民不可与虑始，而可与乐成。'郭偃⑦之法曰：'论至德者不和于俗，成大功者不谋于众。'法者，所以爱民也；礼者，所以便事也。是以圣人苟可以强国，不法其故；苟可以利民，不循其礼。"

┈┈┈┈┈┈

公孙鞅曰："……臣故曰：治世不一道，便国不必法古。汤、武之王也，不循古而兴；殷、夏之灭也，不易礼而亡。然则反古者未必可非，循礼者未足多是也。君无疑矣。"

孝公曰："善！吾闻'穷巷多怪，曲学多辩'。愚者笑之，智者哀焉；狂夫乐之，贤者丧焉。拘世以议，寡人不之疑矣。"

《商君书·更法》

【注释】

①君：秦孝公。

②代立：接替。

③错:通"措"。

④公孙鞅:商鞅。公孙是他的姓,商是他后来的封地。

⑤骜(áo):借为"謷",嘲笑,诋毁。

⑥暗:不明白。

⑦郭偃:晋文公时的大臣,曾辅佐晋文公变法。

【译文】

秦孝公说:"继承国君之位后关心国家治理,这是君主的职责;设置实施法令,务必显示出国君的权威,这是臣子的任务。现在我想改革法令以治理国家,改变礼制以教育百姓,但却害怕天下人对我议论纷纭。"

商鞅说:"我听说'行动犹豫不决不会有成就,做事优柔寡断不会取得成功'。君主您赶快定下改革变法的决心,不要顾及天下人的议论了。况且有过人之处的行为,本来就会被世俗之人反对;有独到见解的思想,也会遭到周围人的嘲笑。古人说:'愚蠢的人事情已经办成了还想不明白,而聪明的人在事情发生之前就已洞若观火。''不能指望在事情刚开始的时候就和老百姓去商量如何做事,只能事成之后与他们共享其成。'郭偃改革时曾说:'讲究最高德行的人不去附和凡夫俗子,成就大功业者不与普通众人共谋。'法令,是用来爱护民众的;礼乐,是用来使事情顺利的。所以,圣人做事情,只要可以使国家强盛,就不必效法已有的章程;只要可以使百姓得利,就不必遵循陈旧的礼法。"

商鞅说："……所以我曾经对您说过：治理天下不是只有一个方法准则，只要对国家有利就不必效法古代。商汤、周武王的兴起而成为圣王，是因为没有遵循旧法度；而商纣、夏桀的灭亡，就是执着于陈旧礼法所致。所以与前代不同的不一定是错的，完全因循旧例的也不一定是对的。所以请您不要再疑惑了！"

秦孝公答道："说得真在理啊！我听说'生活在穷乡僻壤的人大都少见多怪，被观念、地域所局限而思想僵化的人总喜欢与人争辩是非'。愚蠢的人所讥笑的，正是聪明人觉得可悲的；狂妄之人所高兴的，正是贤德之人所伤痛的。拘泥于世俗才会产生种种非议，我不会再犹豫了。"

【简析】

商鞅是战国后期重要的改革家，他帮助秦孝公推行改革，从而使秦国一跃成为当时最强大的国家，并为秦始皇统一六国打下了坚实基础。《商君书》是对有关商鞅的历史记载和思想言论的收集，成书于先秦时期。《更法》篇记载了秦国变法之前，商鞅和秦孝公的一次对话。秦孝公当时已有变法之意，但是畏惧人言，迟迟不敢动作。对此，商鞅广引古语和先例，对他申述了改革的合理性和必要性，最终促使秦孝公下定了改革的决心。在商鞅看来，政治的标准就是国富民强，一切的制度措施都必须以此为目标。所以，如果旧有的方针政策、制度法令，已经不再能利国利民了，那就必须予以改革，夏、商、周三代的兴衰变革就是明证。

作法何常，视民所便

　　物不可久，势将自穷。欲民生而无倦，在世变以能通。器当极弊之时，因而改作；众得日新之用，乐以移风。昔者世朴未分，民愚多屈①，有大人卓尔以运智，使天下群然而胜物。凡可养生之具，莫不便安；然亦有时而穷，使之弗郁②。下迄尧舜，上从轩羲。作纲罟以绝禽兽之害，服牛马以纾手足之疲。田焉而尽百谷之利，市焉而交四方之宜。神农既没，而舟楫以济也；后圣有作，而弧矢以威之。至贵也，而衣裳之有法；至贱也，而臼杵之不遗。居穴告劳，易以屋庐之美；结绳既厌，改从书契之为。如地也，草木之有盛衰；如天也，日星之有晦见。皆利也，孰识其所以为利；皆变也，孰诘其所以制变？五材天生而并用，或革或因；百姓日用而不知，以歌以抃③。岂不以俗狃④其事，化难以神。疾从古之多弊，俾由吾而一新。观《易》之卦，则圣人之时可以见；观卦之象，则君子之动可以循。备物致功，盖适推移之用；乐生兴事，故无怠惰之民。及夫古帝既遥，后王继踵。虽或不由于圣作，而皆有适于民用。以瓦屋则无茅茨之敝漏，以骑战则无车徒之错综。更皮弁⑤以圜法，周世所宜；易古篆以隶书，秦民咸共。乃知制器者皆出于先圣，泥古者盖生于俗儒。昔之然今或以否，昔之有今或以无。将何以鼓舞民志，周流化区？王莽之复井田⑥，世滋以惑；房琯之用车战⑦，众病其拘。是知作法何常，视民所便。苟新令之可复，虽旧章而必擅。

神而化之，使民宜之，夫何懈倦！

《苏轼文集·通其变使民不倦赋》

【注释】

①屈（jué）：竭尽，穷尽。

②弗郁：忧而不乐的样子。

③抃（biàn）：拍手，鼓掌。

④狃（niǔ）：因袭，拘泥。

⑤弁（biàn）：帽子。

⑥王莽之复井田：西汉后期，王莽为了改变衰败的局面而复古改制，恢复井田制是其中的一项重要举措。

⑦房琯之用车战：房琯为唐肃宗时大臣。公元756年，房琯在率兵征讨叛军的时候，采用春秋时的车战之法布阵，结果一败涂地。

【译文】

事物都会因形势的改变而不断变化。想让百姓一直有好的生活，治国之道就要随顺世道的变化而有所变通。器具老旧过时了，就要制造新的样式；百姓经常能得到日新月异的好处，自然也会因为风俗的逐渐改变而感到舒适快乐。上古时期天下混沌万物不分，百姓非常愚昧朴素而经常感到智穷力竭、生存困难，便有圣人运用卓越的智慧，让天下之人群居在一起才得以力量超越外物而少受伤害。那些可以用来养护生命的工具，没有不便利安稳的；但未免有无用的时候，令人不安。从尧、舜，上溯到黄帝、伏羲时期，他们制造网罟来躲避禽兽的伤害，驯服牛马来缓解手足的疲惫。耕种田地来收获百谷粮食的利益，建立市场来交易四方各地产出的货物。神农去世之后，就产生了渡河的船；后来的圣人，则发明了弓箭这样的兵器来增加人类的威严。进而发明的最为尊贵的，是衣裳制作也能体现礼法；最为卑贱的，像舂粮食的容器和捣棒也不会有所疏忽遗漏。居住在洞穴里觉得很辛苦，就换成宽敞的房屋；结绳记事觉得非常麻烦，就改用文字记录。就像大地上的草木有盛衰，天空中的日月星辰有明暗。都有用处，谁知道为什么有用？都会变化，谁知道怎么能对付这些变化？天生金木水火土五种材料为社会所用，人类应用时有变化日新也有因循旧例；百姓每天都用但不明就里，为之手舞足蹈。这难道不是因为事物拘泥于世俗常情，很难根据神妙之理而有变化吗？既然厌恶一味因循守旧多有弊端，不如让我们开创新的局面。看一下《周易》各卦，就可以窥见圣人的随时变易的智慧；看一下各卦的卦象，就可以效法君子的行为。发明创造的功用，就要满足时势变化的需求；乐于看到新兴事物的发展变化，就不会有懈怠懒惰的人民。至于说古代帝王已经远去，后来的帝王要继承发展。即便有些东西不是圣王制作的，但也都能满足人民的需求。有了瓦屋就不再用破旧、漏风的茅棚，有了骑兵就不再用错综复杂的战车和步卒。将兽皮帽子换成圆形头冠，符合周代的礼乐文化；将古代篆书改为隶书，秦代时百姓都这么做了。由此可知，制作器物的都是古代的圣人，食古不化的大概都是俗儒。古代认为是正确的，今天看来或许是错误的，以前有的东西，今天或许就没有了。用什么来鼓舞民心，教化天下？王莽想恢复古代的井田制，世人却认为他更加糊涂；房琯坚持春秋时的车战之法，人们认为他太过拘泥。由此可知，制度并非固定不移的，而要根据人们的要求而改变。如果新的政令是有效的，即便是旧的规章也要改变，再将它提升到神妙的境界然后进行教化，让百姓们都能很快适应。事情畅通运行，百姓又怎么会懈怠厌倦呢！

【简析】

本文之主旨在于灵活变通，苏轼通过大量的举例论证，认为器物、制度应该随着时代与环境的变化而积极改革，不应贵古贱今，更不应食古不化，这样才能避免陷入守旧的泥潭，契合时代的发展与民众的需要。

苏轼认为，器物之所以被发明创造，最大的目的在于合"用"。然而，器物之用往往受到时代与场景的限制，以往的有用之物在今天可能一无所用，不可固执传统旧法。例如，结绳记事是原始人类的有效记录方式，但随着社会的发展与复杂化，结绳越来越显得简陋而低效，这时，文字的发明就是势所必至的了；文字的发明会直接导致结绳记事的休止，这正是一个通变而适用的自然过程。苏轼畅言"通变"的直接目的，就是呼吁当时的统治者通过积极创新的方式改变北宋长期衰弱的局面。

在建设中国特色社会主义的今天，我们的领导干部也要树立"通变"意识，努力破除思想成见和制度藩篱，这样才能健全各主体、各方面、各环节有机互动、协同高效的国家创新体系，以保持党的先进性并满足人民群众的实际诉求。

因循苟且，故改其度

某启：昨日蒙教，窃以为与君实游处相好之日久，而议事每不合，所操之术多异故也。虽欲强聒①，终必不蒙见察，故略上报，不复一一自辨。重念蒙君实视遇厚，于反复不宜卤莽，故今具道所以，冀君实或见恕也。

盖儒者所争，尤在于名实。名实已明，而天下之理得矣。今君实所以见教者，以为侵官、生事、征利、拒谏，以致天下怨谤也。某则以谓受命于人主，议法度而修之于朝廷，以授之于有司，不为侵官。举先王之政，以兴利除弊，不为生事。为天下理财，不为征利。辟邪说，难壬人②，不为拒谏。至于怨诽之多，则固前知其如此也。人习于苟且非一日，士大夫多以不恤国事同俗自媚于众为善。上乃欲变此，而某不量敌之众寡，欲出力助上以抗之，则众何为而不汹汹然？盘庚之迁，胥怨③者民也，非特朝廷士大夫而已。盘庚不为怨者故改其度，度义而后动，是而不见可悔故也。

如君实责我以在位久，未能助上大有为，以膏泽斯民，则某知罪矣。如曰今日当一切不事事，守前所为而已，则非某之所敢知。无由会晤，不任区区向往之至④。

《王安石文集·答司马谏议书》

【注释】

①强聒（guō）：硬在耳边啰唆，强作解说。

②壬人：巧辩谄媚之人。壬，通"佞"。

③胥（xū）怨：全都抱怨。

④不任区区向往之至：古时写信的客套语。不任，"不胜、受不住"之义，形容情意的深重。区区，这里指自己，自谦之词。向往，"仰慕"之义。

【译文】

安石敬白：昨日承您来信指教，我私下觉得与您交往深厚密切已非一朝一夕，可是议论国事时常常意见不同，这大概是由于我们所采取的方法不同的缘故吧。即使想要勉强多说几句，最终也必定不被您所谅解，因此只是简略地回复一信，不再一一替自己分辩。后来又想到一向承蒙您看重和厚待，在书信往来上不宜马虎草率，所以我现在详细地说出我这样做的道理，希望您看后或许能谅解我。

本来知书识礼的读书人所争辩的，就是名义和实际的关系。名义和实际的关系一经辨明，天下的是非之理也就显现了。如今您来信指教我，认为我的做法侵犯了官员的职权，惹是生非制造事端，聚敛钱财与民争利，拒不接受反对意见，因此招致天下人的怨恨和诽谤。我则认为遵从皇上的旨意，在朝堂上公开讨论并修订法令制度，责成有关部门官吏去执行，这不是侵犯官权。效法先皇的英明政治，用来兴办好事、革除弊端，这不是惹是生非。替国家整理财政，这不是搜刮钱财。抨击荒谬言论，责难奸佞小人，这不是拒听意见。至于怨恨和诽谤如此众多，那是我早就预知的。人们习惯于苟且偷安，已不是一天两天的事了，士大夫们大多不关心国事，而是附和世俗之见以讨好众人。皇上要改变这种状况，而我不去考虑反对的人有多少，只是竭力协助皇上来对抗他们，那众多的反对者怎会不对我气势汹汹呢？商王盘庚迁都时，连百姓都埋怨，还不仅仅是朝廷里的士大夫而已。盘庚并不因为有人埋怨反对而改变计划，这是因为迁都是经过周密考虑后的行动，是正确的举动而没有什么可以改悔的缘故。

假如您责备我占据高位已久，没有能协助皇上大有作为，使百姓普遍受到恩泽，那么我承认错误。如果说现在应当什么事也别干，只要墨守从前的老规矩就行，那就不是我所敢领教的了。没有机会见面，衷心想念和仰慕您。

【简析】

宋神宗熙宁二年（1069年），王安石实行新法，保守派代表人物、当时任右谏议大夫的司马光多次写信给王安石，要求停止变法。这封信就是王安石的回信之一。全文首尾措辞委婉，不失朋友情分，而中心部分则直抒胸臆、斩钉截铁地予以驳论，表现了作者既不以私废公也不以公废私的大政治家情怀。作者驳论的可贵之处，在于针对司马光来信中的责难，王安石并没有就事论事——加以辩解，以免被对方抓住一些表面现象或具体细节而陷入被动招架的局面。在辩驳之前，王安石先从大处着眼，高屋建瓴地提出了一个最重要的原则——名实问题，指出虽然名正则言顺、言顺则事成，但不同立场者对同一件事中"名"是否"正"的看法会截然不同。接着王安石对司马光加给他的"侵官、生事、征利、拒谏、招致天下怨谤"五个罪名逐一辩驳，并批评了司马光等保守派的因循守旧，表明了坚持变法的决心。最后略让一步，说如果对方是责备自己在位日久却没有帮助皇帝干出一番大事，施惠于民，那么自己是知罪的。但锋芒一转，说如果墨守成规无所事事，则绝非自己所愿，一语点破了保守派的思想实质，使其无言以对。

这篇政论虽然简短，但要言不烦、理足气盛，有一种居高临下、从容镇定的气概，充分显示了王安石刚毅果决的政治改革家的鲜明个性与对自己政论主张的高度自信，气势强劲，语言委婉，态度严正，环环相扣，层层递进，堪称古代驳论性政论文的典范之作。

深达权变，革易风俗

国家之败，必有坏乱，不起之处，深知其处。大变革之者，其功大；小变革之者，其功小；不变革者，必沦胥以亡。

夫风俗者，人主之所自出、士大夫之枢而政事之影也。近世以来，行义凋损，政事殆废，风俗薄恶，人民嚣顽。子弟变父兄者有之，为王臣而从盗贼者有之，为诸生而献敌庭者有之，卒弑其守者有之，民杀其令者有之，执亲之丧而谋从王事者有之，以卑贱而徽讦①动摇尊长者有之。上下习以为常，恬不知怪，而三纲绝息，人道大坏，乱之所由作，兵之所由起也。

昔秦政、王莽以酷急烦苛而亡。汉高、光武深达权变，知救弊之理，革之以宽简，故能以匹夫而有天下。及西晋尚清谈，弃礼义，中原涂炭，琅琊南度，因循不能大变，虽名贤辈出，仅能扶持不绝宗庙之祀。其间凭恃强众，自以为能，不知救之之道，随流波靡，功几成而亡者，不可以概举。

夫已往之事，当今之覆辙也。人君鉴乎此三者，知当今之务在乎革易风俗，则当立至公之心，彰礼义之门，谨人伦之政，严上下之分，以消悖逆；用贤能，杜私谒，绝货赂，务实去华，信赏必罚，以消背畔；不开越诉之端，以消徽讦；干进者黜之，恬退者拔之，以崇廉耻；鼓天下之人翕然并兴于义，而不以利婴其心。

臣之于君，下之于上，实有子弟卫父兄之志，何兵不强？何贼不殄？何强暴不治？而中兴之业成矣。

《胡宏集·中兴业·易俗》

【注释】

①徼讦（jiāo jié）：以侥幸之心去揭发别人，或者说希望通过揭发别人求取赏识。

【译文】

国家的败亡，必定是国内政治腐败、风俗溃乱导致的，在败坏与溃乱还没有显著表现出来时，便要深知其中的根源所在。对弊政进行大的改革的人，他的功绩也大；对弊政进行小的修补的人，他的功绩也小；对弊政视而不见、不加以改革的人，必然会陷于败亡之地。

所谓风俗，乃是君主自己制定、被群臣士大夫视为中心枢纽并反映政治时事的。近三十年来，躬行仁义受到破坏摧残，政治事业接近崩溃，社会风俗变得粗鄙丑恶，人民大众变得嚣张顽劣。有人为子为弟却阴谋篡夺父兄之位，有人身为朝臣却与盗贼之徒过从甚密，有人饱读圣贤之书却投身敌营，有人身为士兵却弑杀长官，有人身为平民却弑杀官员，有人在父母丧期拒绝在家守孝而外出谋求官职，有人出身卑贱却揭发别人阴私、动摇尊长地位。举国上下都习以为常，完全不以为怪，纲纪彻底灭绝，人伦大道崩坏，这正是国家发生政治败乱、战祸不绝的缘由。

当年的暴秦和王莽皆因严酷、紧急、繁重、苛刻的政令而使国家败亡。汉高祖和汉光武帝深明通达权变之理，通晓拯救时弊的道理，用宽徭薄赋改革弊政，所以才能以平民之身拥有天下。到了西晋，社会崇尚清谈玄理，抛弃礼仪仁义，中原人民饱受战火摧残，西晋末年，中原政权南迁，琅琊王氏家族相随南逃渡江，建立东晋后沿袭旧政而不思改革，虽然英明贤能的人才层出不穷，但也仅能维持国家的宗庙祭祀、政权苟延残喘而已。这期间，凭借众多强人，自以为能力强大，却不知道如何拯救时弊，而随波逐流终至功亏一篑的人不胜枚举。

如今的时代正在重蹈当日的覆辙。国君如果对上述三事有所借鉴，明白如今的当务之急是移风易俗，就应该在人世间树立公正之心，开显礼义之门，遵守人伦次序，严格上下分别，以此消除违反正道的行为；任用贤能之人，杜绝因私请托，拒绝贿赂，勤于务实而褪去浮华，赏罚分明，以此消除背叛礼义之事；不开越级上诉的先河，以消除揭发别人阴私的陋习；罢黜一味谋求升官发财的人，提拔淡泊名利安然退让的人，以此推崇廉耻；鼓励天下百姓一致躬行仁义，而不以利益萦绕其心。

一个国家，臣对于君，在下位者对于在上位者，如果真的有儿子捍卫父亲、弟弟捍卫兄长的志向，什么样的军队不会强大？什么样的贼人不会被剿灭？什么样的强权暴政不会得到善治？这样，国家转衰为盛、中途振兴的功业一定会取得成功。

【简析】

胡宏的《中兴业》透露出他强烈的现实诉求、社会责任感与担当精神。本文为《中兴业》的开篇，作者通过对历史的追念、对现实的批判而论述移风易俗的必要性，以此期盼偏安一隅的南宋朝廷再谋富强、实现中兴。胡宏认为，国家政治的清明与否体现在细微的风俗之中，并针对当时的情况提出了五条治理世风衰败的方法：彰礼义、用贤能、消徼讦、崇廉耻、兴仁义。胡宏呼吁移风易俗的变革精神与方法对我们有着重要的启示意义。在当今时代，党和国家将改革开放视为一项长期的、艰巨的事业，就是在忧患意识的指引下对时代负责、对人民负责的最佳体现。改革开放只有进行时没有完成时，是我们实现复兴之业的必由之路。

祸发所忽，乱起不疑

虑天下者，常图其所难，而忽其所易；备其所可畏，而遗其所不疑。然而祸常发于所忽之中，而乱常起于不足疑之事。岂其虑之未周与？盖虑之所能及者，人事之宜然，而出于智力之所不及者，天道也。

当秦之世，而灭诸侯，一天下，而其心以为周之亡在乎诸侯之强耳，变封建而为郡县。方以为兵革不可复用，天子之位可以世守，而不知汉帝起陇亩之中，而卒亡秦之社稷。汉惩①秦之孤立，于是大建庶孽而为诸侯，以为同姓之亲可以相继而无变，而七国萌篡弑之谋。武、宣以后，稍剖析之而分其势，以为无事矣，而王莽卒移汉祚。光武之惩哀、平，魏之惩汉，晋之惩魏，各惩其所由亡而为之备，而其亡也，皆出于所备之外。唐太宗闻武氏之杀其子孙，求人于疑似之际而除之，而武氏日侍其左右而不悟。宋太祖见五代方镇之足以制其君，尽释其兵权，使力弱而易制，而不知子孙卒困于敌国。此其人皆有出人之智、盖世之才，其于治乱存亡之几，思之详而备之审矣。虑切于此而祸兴于彼，终至乱亡者何哉？盖智可以谋人，而不可以谋天。良医之子多死于病，良巫之子多死于鬼。岂工于活人而拙于活己之子哉？乃工于谋人而拙于谋天也。

古之圣人，知天下后世之变非智虑之所能周，非法术之所能制，不敢肆其私谋诡计，而唯积至诚、用大德以结乎天心，使天眷其德，若慈母之保赤子而不忍释。故其子孙虽有至愚不肖者足以亡国，而天卒不忍遽亡之，此虑之远者也。夫苟不能自结于天，而欲以区区之智笼络当世之务，而必后世之无危亡，此理之所必无者，而岂天道哉！

《古文观止·方孝孺·深虑论》

【注释】

①惩：警戒。

【译文】

筹划国家大事的人，通常都是在思虑艰难危险的一面，而忽略平常容易的一面；注重防范随时会出现的可怕事件，而遗漏了那些看似不必疑虑的事件。然而，灾祸常常在疏忽之际发生，变乱常常在不加疑虑的事上突发。难道是考虑得不周到吗？但凡人类智力所能考虑到的，都是人事发展理应出现的情况，而超出智力所能达到的范围，那是天道的安排。

秦始皇剿灭诸侯，统一天下，心中认为周朝的灭亡在于诸侯的强大，于是改分封制为郡县制。满以为这样一来就会根除战争动乱，天子的尊位可以代代安享，却不知汉高祖在乡野间崛起，最终颠覆了秦朝的江山。西汉鉴于秦朝因郡县制而导致王室孤立无辅，又大肆分封兄弟、子侄为诸侯，自以为凭着同胞骨肉的亲情就可以共辅江山、不生变乱，然而吴王刘濞等七王还是萌生了弑君篡位的阴谋野心。汉武帝、汉宣帝之后，逐渐分割诸侯王的土地,削弱他们的势力,这样便以为平安无事了,没想到外戚王莽最终夺取了汉家的皇位。汉光武帝刘秀借鉴了西汉(哀帝、平帝)的教训,曹魏借鉴了东汉的教训,西晋借鉴了曹魏的教训,各自借鉴其前代灭亡的教训而进行防备,可它们自身灭亡的根由,又都在预先防备的范围之外。唐太宗听传言说将有姓"武"的人杀戮唐室子孙,便将可疑之人找出来统统杀掉,可武则天每天侍奉在他身边却怎么也没想到是她。宋太祖看到五代的节度使可以制伏君王,便收回节度使的兵权,使其力量削弱,容易对付,哪料想子孙后代竟在敌国的困扰下逐步衰亡。这些人都有着超人的智慧,盖世的才华,对国家变乱灭亡的诱因,他们可谓考虑得细致,防范得周密了,然而,思虑的重心在这边,灾祸却在那边产生,最终免不了灭亡,为什么呢?或许智力谋划的只是人事的因素,却无法预测天道的安排。良医的儿子大多会病死,良巫的儿子大多死于神鬼,难道是善于救助别人而不善于救治自己的子女吗?这是善于谋划人事而不善于谋划天道啊!

古代的圣人,知道国家将来的变化,不是人的智谋能考虑周全的,也不是法律制度与政治手段能控制的,因此不敢滥用自私自利的阴谋诡计,只是积累最高的真诚,用大的德行来感动天心,使上天顾念他(对百姓)的恩德,像慈母保护初生婴儿那样不忍心舍弃。尽管他的子孙也有愚昧、不成器足以使国家灭亡的人,而上天最终还是不忍心立即灭其家国,这才是思虑得深远啊。假如不能用大的德行赢得天心,仅凭着微不足道的智谋,包揽天下的事务,而想使国家一定不会陷入危险与灭亡的境地,这从道理上是完全讲不过去的，又怎会符合天意呢！

【简析】

本文是明代儒者方孝孺针对当时政治形势而提出的著名治国方略。明朝建立后，明太祖朱元璋为了巩固和加强统治，曾采取一系列改革措施，在发展生产、繁荣经济等方面取得了一些成就。但是，"盛世"之下也决不能掉以轻心。因此，作者就历代兴衰的史实，提出了有关长治久安的积极建议。

文章先从"祸常发于所忽之中，而乱常起于不足疑之事"谈起，并把这种现象和天道挂上了钩，这是作者立论的核心。在作为全文重点的第二段中，作者列举了大量史实，从秦始皇一直谈到了宋太祖，指出历代君王仅仅片面地吸取前代灭亡的教训而忽略了另外一些被掩盖的问题，却将原因归结为非人智所能揣测的天意。第三段是全文的总结，作者再一次点明全文主旨，论证"祸常发于所忽之中，而乱常起于不足疑之事"，目的在给明代统治者提供历史教训，使之"深虑"长治久安的道理，并采取相应的办法。

方孝孺此文是有预见性的，就在作者写作本文后不久，明朝就发生了动乱。明太祖死后，其孙建文帝即位，由于和某些藩王产生了矛盾，终于导致了"靖难之变"，方孝孺本人也死在这次动乱之中。

设赏立禁,随时因俗

故古之所谓明君者,非一君也。其设赏有薄有厚,其立禁有轻有重,迹行不必同,非故相反也,皆随时而变,因俗而动。夫民躁而行僻,则赏不可以不厚,禁不可以不重。故圣人设厚赏,非侈也;立重禁,非戾也。赏薄则民不利,禁轻则邪人不畏。设人之所不利,欲以使,则民不尽力;立人之所不畏,欲以禁,则邪人不止。是故陈法出令而民不从。故赏不足劝,则士民不为用;刑罚不足畏,则暴人轻犯禁。民者,服于威杀然后从,见利然后用,被治然后正,得所安然后静者也。

《管子·正世》

【译文】

古时候所谓英明君主,并非只有一人。他们设立赏赐有薄有厚,施行禁止有轻有重,做法不一定相同,但并非故意使之不同,而是随着时势的发展而变化,依据当时风气的转移而变动。人民急躁而行为邪僻,赏赐就不可不厚,施行禁止就不可不重。所以圣人设立优厚的赏赐不能算作过分,施行严重禁令不能算作凶暴。赏赐太薄则人们不以为利,禁令太轻则恶人无所恐惧。设立人们不以为利的轻赏,却想要凭借这个役使人们做事,那么人们肯定不会尽力;设立人们不以为惧的轻禁,却想要凭借这个禁止人们作恶，那么恶人肯定不会停止作恶。于是即便颁布了法令，人民也不会听从。所以，赏赐不足以激励人，人民就不会为君主出力；刑罚不足以使人畏惧，残暴之人就易于违法犯禁。人民，畏惧威严然后才能服从管理，得到好处然后才能听从调用，被治理约束然后才会走正路，安居乐业然后才不生事端。

【简析】

本文强调明君治国，建立赏罚制度必须根据时世、民风的不同而有所变动，权衡轻重而随时调整，否则赏不足以利用、罚不足以立威，天下万民的忧患仍然不能治正。这种观念有一定道理，但由于《管子》出自天下争战不休的春秋时期，所以总体而言，它是主张"厚赏""重罚"的。这种做法与儒家不同。《论语》里面孔子说："道之以政，齐之以刑，民免而无耻；道之以德，齐之以礼，有耻且格。"认为居上位的君臣无德、无礼才是刑罚越来越繁重苛刻的原因，只有在根本上将君臣"以政刑齐民"（即《管子》中的"法立令行"）的治国思想转变为"以德礼教民"，才能真正实现治国安民。可见《管子》重"法令""赏罚"的观念与《论语》正好相反，而与《韩非子》则完全一致。《韩非子》明确认为"赏罚"对于君主治国来说，就好比"乘舟之安"必须依靠"持楫之利"。"治国之有法术赏罚，犹若陆行之有犀车良马也，水行之有轻舟便楫也，乘之者遂得其成。伊尹得之，汤以王；管仲得之，齐以霸；商君得之，秦以强。此三人者，皆明于霸王之术，察于治强之数，而不以牵于世俗之言。"韩非子认为，治理国家有法律手段赏罚标准就好比陆路上行走有坚固的车子、驯良的好马，水路上行走有轻快的小船、灵活的小桨。乘坐它们的人都能顺利到达彼岸。伊尹掌握了这个道理，商汤因此称王；管仲掌握了这个道理，齐国因此称霸；商鞅掌握了这个道理，秦国因此强大。这三个人，都精通成就霸王的法律手段，熟悉治国强兵的方法，而不拘泥于世俗的说教观念。《管子》一书，虽然包含先秦诸子百家的观点，但《正世》篇则显然是法家的思想。

道之贵时,其行势也

[经]冬,十有一月,己巳,朔,宋公及楚人战于泓。宋师败绩。

[传]日事遇朔曰朔。《春秋》三十有四战,未有以尊败乎卑,以师败乎人者也。以尊败乎卑,以师败乎人,则骄其敌。襄公以师败乎人,而不骄其敌,何也?责之也。泓之战,以为复雩之耻也。雩之耻①,宋襄公有以自取之。伐齐之丧、执滕子、围曹、为雩之会,不顾其力之不足,而致楚成王,成王怒而执之。故曰:礼人而不答,则反其敬。爱人而不亲,则反其仁。治人而不治,则反其知。过而不改,又之,是谓之过。襄公之谓也。古者被甲婴胄②,非以兴国也,则以征无道也,岂曰以报其耻哉!宋公与楚人战于泓水之上。司马子反③曰:"楚众我少,鼓险而击之,胜无幸焉。"襄公曰:"君子不推人危,不攻人厄。须其出。"既出,旌乱于上,陈乱于下。子反曰:"楚众我少,击之,胜无幸焉。"襄公曰:"不鼓不成列。"须其成列而后击之,则众败而身伤焉。七月而死。倍则攻,敌则战,少则守。人之所以为人者,言也。人而不能言,何以为人?言之所以为言者,信也。言而不信,何以为言?信之所以为信者,道也。信而不道,何以为道?道之贵者时,其行势也。

《穀梁传·僖公二十二年》

【注释】

①雩（yú）之耻：公元前639年楚联合几国在宋的雩地盟会上抓捕宋襄公并讨伐宋国一事。

②婴胄：戴上头盔。

③司马子反：宋襄公异母兄，名目夷，担任宋国司马。《左传》记载为"子鱼"。

【译文】

［经］鲁僖公二十二年（前638年）冬季，十一月的己巳日，初一，宋襄公与楚成王在泓水交战。宋军战败。

［传］经文在记载史事时，逢初一就称为"朔"。《春秋》经文中一共记载了三十四次战役，其中没有一次是讲到尊贵的一方被卑微的一方所打败的，也没有表述过"军队"是被"人"打败的。如果地位尊贵的一方败给了身份卑微的一方，正规的军队败给了称不上是军队的"人"，那么这一定是因为战败一方的骄傲轻敌。经文中说宋襄公的军队败给了"人"，但宋襄公其实并没有骄傲轻敌，这是什么道理？这是指责宋襄公。这次宋、楚在泓水交战，宋襄公是为了报复他以前在雩之会盟中所蒙受的耻辱。然而，在雩之会盟中受到耻辱，是宋襄公咎由自取。他攻打正在操办丧事的齐国，又捉拿滕国的国君，还包围了曹国，更召集各国的诸侯到雩地来会盟，完全不顾自己的力量不足，竟召来了楚成王，楚成王一怒之下，就把他抓起来了。所以说：对别人礼貌却没有相应的报答，就应该反省自己的礼貌是否

得当。对别人友好,别人却并不对自己亲近,就应该反省自己的仁爱是否值得。要管理别人,别人却并不服从,就应该反省自己是否有足够的才智治理别人。孔子曾说,犯了错误而不改正,又再次犯错,这是名副其实的"过错"。说的就是宋襄公这样的人啊。古时候,披上铠甲,戴上头盔,不是为了使国家兴盛,就是为了征讨没有道义的人,怎么能用它来报复自己个人所蒙受的耻辱呢!宋襄公与楚军在泓水附近交战。宋国的大司马子反说:"楚国的兵多,我们的兵少,趁敌人还处在危险境地的时候就擂鼓向他们发起攻击,再也没有比这更加幸运的取胜机会了。"宋襄公却说:"讲仁义的人不在别人危险的时候去排挤他,不在别人陷入困境的时候去攻击他,还是等到敌人摆脱了险境再进攻吧。"楚军渡过了泓水,但军队的上空战旗凌乱,士兵的队形也错杂不齐。大司马子反说:"楚国的兵多,我们的兵少,趁现在向他们发起进攻,再没有比这更加幸运的取胜机会了。"宋襄公说:"不能击鼓攻击没有排好队形的军队,必须要等他们排好队形然后再发起攻击。"就这样,双方一交战,宋军大败,宋襄公也受了伤。七个月后宋襄公就死了。兵法上常说,双方作战,如果兵力超过对方一倍就可以主动进攻,如果双方兵力相当也可以交战,如果兵力比对方少那就只能防守了。人之所以称为人,就在于能够说话。如果人不能够说话,还算是什么人呢?言语之所以成其为言语,就在于讲究信义。如果虽能说话却不能够守信义,那还算什么言语呢?信义之所以成为信义,就在于符合正当的道理。如果虽讲信义但不符合正当的道理,那还算什么正道呢?正道的可贵之处就在于合乎时宜，根据合适的时机来施行正道，那就是顺应了形势的发展。

【简析】

宋襄公是历史上颇富争议的一个人物，虽然史书将他列为春秋五霸之一，但实际上他并没有真正得到过诸侯霸主的地位。泓水之战中，面对正在渡河的强大楚军，他坚决不趁乱攻击，主张"不鼓不成列"，最终兵败受伤，次年病逝。司马迁等赞美者认为他仁义有信、精神高贵；苏轼等批评者认为他残害百姓，又欺世盗名。正因如此，"春秋三传"对僖公二十二年泓水之战的不同解读很有历史价值。

《左传》记载了宋襄公"不鼓不成列"的原因是效仿古代仁义之师，认为不应该杀害已经受伤或处于险境中的敌人，还有宋襄公异母兄子鱼（本文中的"子反"）对他的激烈批评，认为战争讲究的就是以强凌弱、克敌制胜，否则必定会失败被擒。显然《左传》的立场是批评宋襄公的想法和行为都很天真幼稚。《公羊传》中并未记载子鱼，最后总结说："故君子大其不鼓不成列，临大事而不忘大礼，有君而无臣，以为虽文王之战，亦不过此也。"认为有德行的君子都赞赏他不攻击没有排好队形的军队，面对国家生死存亡的大事仍然没有忘记大的礼义原则，宋襄公有帝王仁君的气象，可惜没有贤臣辅佐他成就王道事业，即使是拥有最高道德的圣人周文王率军与敌交战，也不过是如此表现。这显然是在温情赞美宋襄公"临大节而不可夺"的王者风范。对比起来，很明显《穀梁传》在内容上比《左传》和《公羊传》更为丰富，评论也更加深刻，主要体现在四个方面：第一，界定宋襄公兵败并非通常的骄兵必败；第二，交代泓水之战是宋襄公为了洗雪雩之耻，但雩之耻是宋襄公不自量力而自取其辱，宋襄公不仅未反思己过，反而讨伐郑国发动泓水之战，错上加错；第三，与《左传》相似，记载宋襄公"不鼓不成列"的原因与结果；第四，与《公羊传》不同，并非盲目赞美宋襄公的大仁大义，而是在强调言行必须讲究信义的同时，信义应该讲究合乎时宜，顺应形势的发展才能真正施行正道。此外，《穀梁传》还进一步批评宋襄公战败是弃师害民，非人君之道。范宁在《穀梁传集解》序言中比较"春秋三传"说："《左氏》艳而富，其失也巫。《穀梁》清而婉，其失也短。《公羊》辩而裁，其失也俗。"他认为：《左传》文章优美而又材料丰富，但缺点是多述鬼神、预言祸福；《穀梁传》文辞清通而又含蓄委婉，但缺点是资料少、篇幅短；《公羊传》叙事议论是非分明而又善于裁剪资料作出评断。但从泓水之战这一段来看，《穀梁传》评述的前两点是《左传》和《公羊传》都没有的，可谓"艳而富"。最后一点与《公羊传》相比显然分析更加全面而深刻，可谓"辩而裁"。并且字数也大体是《左传》《公羊传》的两倍，并没有"其失也短"的弊端，堪称完美，其后历代评论都无出其右。可见范宁这一说法虽然历代都奉为"至论"。但也不可执一以驭万，必须始终实事求是地具体问题具体分析，才能在学习古代典籍时拨开历史迷雾，真正实现古为今用，资治通鉴。

当调阴阳，和顺天下

越王勾践欲伐吴王阖闾，范蠡谏曰："不可。臣闻之，天贵持盈，持盈者，言不失阴阳、日月、星辰之纲纪。地贵定倾，定倾者，言地之长生，丘陵平均，无不得宜。故曰地贵定倾。人贵节事，节事者，言王者已下，公卿大夫，当调阴阳，和顺天下。事来应之，物来知之，天下莫不尽其忠信，从其政教，谓之节事。节事者，至事之要也。天道盈而不溢，盛而不骄者，言天生万物，以养天下。蠉①飞蠕动，各得其性。春生夏长，秋收冬藏，不失其常。故曰天道盈而不溢，盛而不骄者也。地道施而不德，劳而不矜其功者也，言地生长五谷，持养万物，功盈德博，是所施而不德，劳而不矜其功者矣。言天地之施，大而不有功者也。人道不逆四时者，言王者以下，至于庶人，皆当和阴阳四时之变，顺之者有福，逆之者有殃。故曰人道不逆四时之谓也。因惛②视动者，言存亡吉凶之应，善恶之叙，必有渐也。天道未作，不先为客者。"

《越绝书·吴内传》

【注释】

①蠉（xuān）：虫子屈曲爬行或飞。
②惛（hūn）：通"昏"，幽深不明。

【译文】

越王勾践想讨伐吴王阖闾,范蠡劝谏说:"不可以。我听说,天以保持圆满为贵,保持圆满,就是不违背阴阳、日月、星辰的运行法则。地以安定倾斜为贵,安定倾斜,就是地上生长的东西,不管是在山丘还是平地,都会适得其宜。所以说地以安定倾斜为贵。人以调节事物为贵,从君王到公卿大夫,都应调节阴阳,使天下和顺。事情发生时会应对处理,事物出现时能知晓来龙去脉,让天下之人没有不竭尽忠诚、服从政令教化的,这就是所谓的调节事物。调节事物是了解事物、成就事物最重要的方式。天道充盈而不满溢,盛大而不骄纵,说的是天能生成万物,养育天下。飞虫爬虫,都能实现自己的天性。春生夏长,秋收冬藏,都不会违背正常的自然规律。所以才说天道是充盈而不满溢,盛大而不骄纵。地道施与万物而不求功德,勤勉辛苦而不夸耀自己的功劳,说的是大地生养五谷,维持养育万物,功劳和德行都很大,这就是所谓地道施与万物而不求功德,勤勉辛苦而不夸耀自己功劳。所以说,天地的施用是广大而不居功的。人道不违背四时的变化规律,说的是从君王到百姓,所有人都应与阴阳四时的变化相协调,顺应的人有福报,违背的人有灾祸。所以说人道不违背四时的变化。根据天道幽深不明的特点去关注事物发展的动向,说的是无论存亡吉凶的征兆应验,还是善恶的变化,都一定有一个逐渐发展的过程。天道还未出现明显征兆的时候,人是不能逆天行事去讨伐其他国家的。"

【简析】

《越绝书》以春秋末年至战国初期吴越争霸的历史事实为主干，上溯夏禹，下迄两汉，旁及诸侯列国，对这一历史时期内吴越地区的政治、经济、军事、天文、地理、历法、语言等方面的记载，被誉为"地方志鼻祖"。

本文记录的是越王勾践想要攻打吴国，范蠡通过对天地之道的描述予以劝止的事。范蠡认为："天道盈而不溢，盛而不骄"，因此能够生育万物；"地道施而不德，劳而不矜其功"，故而得以养成万物。天地之道体现出的是高明而博厚的包容性。对于人尤其是君王而言，理应效法并顺从天地之道圆满而不骄纵、施与而不居功的伟大德性，不违反天道，不背离四时，以谦虚为品性，以宽容为厚德，以涵藏为大业，不崇尚武力攻伐。可以看出，范蠡的思想体现出"推天道以明人事"的传统思维方式，"守时而动"的主张也带有某些黄老道家的思想特征。他之所以能够辅佐勾践灭吴复国，与其尊崇天道、静待天时的政治智慧不无关系。

在今天，我们的领导干部也应始终存守敬畏之心、宽容之意，坚持开展权为民所用、情为民所系、利为民所谋的具体实践，做人民群众的贴心人。民心即天心，"民之所欲，天必从之"。人为天地之心、万物之灵，因此，不违人道乃是调节阴阳、和顺天下的核心所在。

附　录

民本：人民就是江山

国之大务，爱民而已	《六韬·文韬·国务》	马　慧
王者之治，与民同乐	《孟子·梁惠王下》	王玉彬
国之政，民无不为本	《新书·大政上》	王玉彬
与民一体，以民守民	《管子·君臣上》	李细成
政之所兴，在顺民心	《管子·牧民》	李细成
圣治天下，非易民性	《淮南子·泰族训》	王玉彬
听于国人，非听贵族	《战国策·韩策一》	马　慧
以术使民，其术穷矣	《郁离子·瞽聩·术使》	李细成

尊贤：贤人就是国宝

贤良士众，则国家治	《墨子·尚贤上》	李细成
贵德尊士，任贤使能	《孟子·梁惠王下/公孙丑上》	李细成
治国者，卑谦以致贤	《春秋繁露·通国身》	李细成
选国之贤，朝其门下	《战国策·燕策一》	李细成
能辅相国家，则宝之	《国语·楚语下》	李细成
欲建洪勋，必须良佐	《抱朴子外篇·贵贤》	李细成
转移习俗，陶铸世人	《曾国藩全集·原才》	王玉彬
任贤而兴，专己而衰	《王安石文集·兴贤》	王玉彬

用人：善用人是治国的关键

按名督实，选才考能	《六韬·文韬·举贤》	李细成
俊杰在官，兢兢业业	《尚书·虞书·皋陶谟》	王　正
择能而使，鲜有败事	《左传·襄公三十一年》	李细成
视其所举，视其不为	《史记·魏世家》	马　慧
量才授职，各当所任	《贞观政要·择官》	马　慧
能用其善，能安其身	《论衡·效力》	王玉彬
循天顺人，而明赏罚	《韩非子·用人》	李细成
人固难全，权用其长	《新序·杂事五》	王玉彬

君道：君贤明是公正的典范

无党无偏，王道平平	《尚书·周书·洪范》	李细成
爱民而安，好士而荣	《荀子·君道》	李细成
智用私，不若愚用公	《吕氏春秋·孟春纪·贵公》	李细成
效法天地，勤勉无私	《礼记·孔子闲居》	王玉彬
君国子民，反求之己	《新书·君道》	李细成
信行天下，不欲以诈	《贞观政要·诚信》	王玉彬、王　正
居安思危，有备无患	《左传·襄公十一年》	王玉彬
忧劳兴国，逸豫亡身	《新五代史·伶官传序》	李细成
家累千金，坐不垂堂	《史记·司马相如列传》	王　正
不能自克，以及于难	《左传·昭公十二年》	王玉彬

臣道：社稷之臣是安国之重器

我出仕，为天下万民	《明夷待访录·原臣》	李细成
从道不从君，社稷安	《荀子·臣道》	李细成
逢迎君之恶，其罪大	《孟子·告子下》	李细成

据法而责，陈过而谏	《晏子春秋·内篇谏下》	王玉彬
亡羊补牢，未为迟也	《战国策·楚策四》	王玉彬
既进管仲，一匡天下	《史记·管晏列传》	王玉彬
学后入政，不以政学	《左传·襄公三十一年》	王玉彬
德当其位，能当其官	《管子·立政》	王　正
猛狗社鼠，国之大患	《韩非子·外储说右上》	王玉彬、王　正
群党合意，以倾一君	《新语·辨惑》	李细成

制度：礼法是社会稳定的保障

治国无礼，犹瞽无相	《礼记·仲尼燕居》	李细成
人命在天，国命在礼	《荀子·强国》	王　正
明立法制，官民守度	《管子·法禁》	王　正
奉法度者强，则国强	《韩非子·有度》	王　正
不轨不物，谓之乱政	《左传·隐公五年》	王玉彬
天下为公，无私于物	《贞观政要·公平》	王　正
放任刑法，天下困苦	《读通鉴论·二世》	王玉彬

施政：施政是民富国强的保障

清静自然，为天下正	《道德经》第十七、四十五、五十七章	王玉彬
道之以德，齐之以礼	《论语·为政/颜渊/学而/阳货》	王玉彬
内修七教，外行三至	《大戴礼记·主言》	王　正
审察民情，为政日新	《法言·先知》	李细成
足国之道，节用裕民	《荀子·富国》	王玉彬
民可无货，不可有饥	《齐民要术·序》	李细成

欲民务农，在于贵粟	《汉书·食货志》	王　正
工商皆本，贫愚并治	《明夷待访录·财计》	李细成
用财不费，兴利多矣	《墨子·节用上》	王玉彬
圣人之治国，能团力	《商君书·壹言》	马　慧

革新：革新是时代发展的要求

可以强国，不必法古	《商君书·更法》	王玉彬、王　正
作法何常，视民所便	《苏轼文集·通其变使民不倦赋》	王玉彬
因循苟且，故改其度	《王安石文集·答司马谏议书》	李细成
深达权变，革易风俗	《胡宏集·中兴业·易俗》	王玉彬
祸发所忽，乱起不疑	《古文观止·方孝孺·深虑论》	刘巨文
设赏立禁，随时因俗	《管子·正世》	李细成
道之贵时，其行势也	《穀梁传·僖公二十二年》	李细成
当调阴阳，和顺天下	《越绝书·吴内传》	刘巨文

后　记

　　《领导月读》是由广西壮族自治区党委宣传部、讲师团指导，广西出版传媒集团主管，广西人民出版社出版的通俗理论读物，自2011年以来，每月一辑，以政策、民生、为政、修养、学习、智慧等为主题，精选马克思主义红色经典、古今中外优秀篇章、领导应知应会的百科知识等，努力以清新文风和创新表达推动马克思主义理论中国化时代化，业已成为国内面向党员干部理论学习的品牌读物，获得了包括中组部、原国家新闻出版总署、国图举办的首届全国党员教育培训教材创新教材奖等在内的一些重要奖项。

　　《国学选萃》是《领导月读》的重点栏目，围绕"修身""齐家""治国""用人""谋略"等方向选刊中国古代哲学、政治、历史、文学等经典名篇，邀请国内重点高校学者在卷帙浩繁的中华典籍中遴选出适合领导干部阅读的篇目并进行简析。本书由本人从《领导月读》中的《国学选萃》栏目2011至2024年600多篇中精选出69篇汇编而成，其中包括编者本人的28篇，王玉彬的22篇，王正的9篇，王玉彬、王正合作的3篇，马慧的5篇，刘巨文的2篇。具体选篇简析作者详见本书附录。虽然本书看似只是对已有选篇、简析的分类，但实际上仍然耗费了大量的时间和精力，作为主编，除了撰写前言、后记与八章卷首语之外，主要工作内容还有以下两大部分：

一是选文分类与标题提炼。编者将69篇选文，在主题与内容上反复斟酌，再进行分类，数易其稿，最终分为民本、尊贤、用人、君道、臣道、制度、施政、革新八类，并围绕这八个主题，每篇选文重新拟定新标题。本书所选篇目，大多数都是脍炙人口的国学经典，中国许多发人深省的著名成语，即出自这些名篇之中，比如与民同乐、兢兢业业、无党无偏、居安思危、忧劳兴国、管鲍之交、亡羊补牢、道之以德、节用爱人、宽则得众、无信不立、大成若缺、大巧若拙、功成事遂、为政日新等。本书所提炼的八字小标题，也希望它们将来能像这些成语一样为人耳熟能详，逐渐流传开来。

二是对译文与简析的进一步修改完善。译文方面，尽管也借鉴了不少国内已出版书籍中的译文，但以"信、达、雅"为目标，编者对各篇译文重新做了逐字逐句地仔细修订，旨在精益求精。简析方面，充分尊重《领导月读》选篇与简析的原作者，各篇简析内容尽量保留原文，只有极少数地方略作了一些改动与补充。此外，在编校中编辑也对书稿做了不少修改与润色。每个篇章都有数位作者的参与和努力，是大家共同的劳动成果。但全书最后由编者统稿，书中出现的学术问题，主要由编者负其文责。

编者需要向读者特别说明之处还有：

其一，《国学选萃》初始的选篇要求主要有两个：一是在内容上侧重于修身治国之道方面，要求是名篇名段或者可令现代人深受启发的段落。二是在形式上尽量短小精悍而又通俗易懂，力图降低难度，做到可读性更强，不求完整地保留原著的篇章段落，再加上刊物原本有版面字数的要求，所选篇章常有省略内容。这次结集出版，仍然秉持这一原则，选篇中原本省略的部分也未作增补以求完整，本着"先立乎其大者，则其小者弗能夺也"的精神，从大处着眼，突出重点。

其二，本书主要面向社会大众而非专业的学术研究者，为了增强可读性，各篇都尽量减少注释，但仍然保留一些关键字词的注释，亦有少数采用了较为专业的注释格式。一方面让读者看注释时稍有一种读古书的感受，同时有注释、译文比只有译文没有注释看起来也更加规范、专业，另一方面也希望能让读者的阅读过程，不知不觉中可以记住了某些古文的涵义，提高古文阅读能力。

其三，《国学选萃》栏目选篇的简析内容，参考了诸多前辈同仁的学术著作，于其精彩之处有所因袭、发挥，但由于本书选编内容涉及的经典与人物范围较大，简析内容又极为精简，按照《领导月读》期刊的格式，要求行文通俗化、去学术化，不能一一注明出处，此次作为大众读物结集整理出版，编者也未再作增补，敬请谅解，并致谢忱。

本书受到各级领导的高度重视，编写过程中他们提出了不少宝贵的指导建议，责任编辑刘艳、吴语诗，以及设计师刘凛为本书的质量提升和完美呈现都作出了重要贡献，尤其是当代大儒颜炳罡教授，百忙之中特为丛书作序，均在此表示衷心的感谢！

编者能力所限，本书错讹之处在所难免，敬请专家读者指正。

李细成
甲辰年夏记于洙泗河畔

图书在版编目（CIP）数据

有为而治 / 李细成主编 . -- 南宁：广西人民出版社，2025.4.
（中国治道名篇丛书）. -- ISBN 978-7-219-11860-3

Ⅰ . D630.1

中国国家版本馆 CIP 数据核字第 2024JG3384 号

YOUWEI ER ZHI

有为而治

李细成　主编

出 版 人　唐　勇
监　　制　杨　冰
策　　划　刘　艳
责任编辑　刘　艳　吴语诗
责任校对　梁小琪
书籍设计　刘　凛

出版发行　广西人民出版社
社　　址　广西南宁市桂春路 6 号
邮　　编　530021
印　　刷　广西民族印刷包装集团有限公司
开　　本　880mm×1240mm　1/32
印　　张　9
字　　数　186 千字
版　　次　2025 年 4 月第 1 版
印　　次　2025 年 4 月第 1 次印刷
书　　号　ISBN 978-7-219-11860-3
定　　价　59.80 元

版权所有　翻印必究